Easy French Reader

Il fait beau

La série complète

Dennis Dunham, PhD

IL FAIT BEAU
LA SÈRIE COMPLÈTE

Published by Dunham and Dillingham publishing, LLC, 1414 NW 30TH Street,
Oklahoma City, OK 73118

Written by Dennis Dunham, PhD
Editing by Kyle Dillingham
Translation by Marie-Anne Baissac

ISBN-13: 9780983662952

Special Offer

A discount of the complete audio version is available to purchasers of this
book. Please forward your purchase receipt to languageandlarics@gmail.com
or support@languageandlyrics.com for a 50% off coupon code. A sample of
the series can be found in a video at languageandlyrics.com
The reader is encouraged to try to understand as much as possible through
context. Therefor the transations are done in "endnotes" at the end of each
section. Each section is three chapters long.

Why It Works

Dr. Dunham focused on Second Language Acquisition for his Masters and his PhD. He also founded a second language institute using a controversial new program. Most doubted his success, but within six months students were camping outside in order to register for the classes, and today that institute in Korea has over 50,000 students. It was Dr. Dunham's dream to apply his knowledge of second language acquisition to a totally new concept—learning through entertainment. With partner and world class musician, Kyle Dillingham, they created the Language and Lyrics-French audio series and now bring you this fascinating new cliffhanger reader version of "Il Fait Beau," which means, "it's a beautiful day."

Il Fait Beau is a romantic and thrilling comedy written for beginning and intermediate Francophones.You'll be amazed at how quickly you'll be able to learn French fast. This is not a series of dull stories written in easy french. This is one entire story building on each section with cliff hangers to keep you motivated. You'll be following dramatic action, identifying with characters and wondering what is going to happen next.

When your entire brain is engaged, the language becomes a holistic experience. Instead of just memorizing words, you're creating images, understanding what those words mean and coming to understand how many different meanings a word can have emotionally. The French language is famously complex and does not lend itself well to memorization and rote learning. However, reviewers have called "Il Fait Beau" a fascinating, exciting way to learn.

Language and Lyrics – French has received rave reviews and is endorsed by the French Cultural Attaché in Houston.The creators of Il Fait Beau recommend that you use the Easy French Reader as an accompanent to the audio series featured at languageandlyrics.com. As a result, you may purchase the audio series for 50% off when you buy the book. Simply forward your receipt to Languageandlyrics@gmail.com or support@langaugeandlyrics.com and receive the special 50% off COUPON CODE.

Here are our **FIVE STAR REVIEWS** posted by happy readers on Amazon after reading the Kindle Edition.

Amazing!

Willie Brown

Top of it's Class

Kelly Longon
"This is the best book I've read for someone learning French"

Best story Ever

Josh Solanoon
"This is a great story..."

Easy to Read

Katherina L.On

Better than Rosetta Stone

ByAmy Hoodon

I LOVE THIS BOOK!!

By Gary Herseyon December 16, 2013
"I love this book. Not only am I learning French, but I am reading a really great story as well. I am only half way through, but I wanted to stop and just write a note of appreciation to the authors. I am actually an intermediate French reader, but see how it can work for beginners."

Best Beginner Reader

CG Dallason

"This is really the best beginner reader. I've studied French on and off for a few years, but could never make everything come together. This book begins very simply to build your confidence and become slightly more complex as the story goes on. It is amazing to see how easily you can read in French!"

Useful for French class

Carol Mearson

Excellent for high beginner or intermediate reading! I've been using this in a MS classroom, but only via projector from my kindle for PC since it's not in print. I wish it were in print! I wish the songs didn't cost so much to purchase. But, I will probably buy them too at some point. We need more books like this for French language learners!"

(Editor's note to Carol: Here it is. Now in Print!)

it was awesome!

Jrs32

"It was a great book. It was funny, it was sad and I learned a lot I would definitely suggest this book to someone else. I love the instant explanations of the words, too, made it very easy for my eight year old!!"

Perfect for beginnerish students of french

Tim Guilliamson

"Very entertaining. We'll worth it. You should have a basic grasp of French 1st though before you start. I want an intermediate sequel!!!"

(Editor's note: We recommend for beginners to use the Languageandlyrics.com audio series to accompany. See offer for 50% discount)

Great even if you're not a beginner

Juliaon

"Love it, This is very much a beginning to intermediate course, in my mind. Actually, I had taken French I and II in High School, but hadn't really learned much. This series made it all come together."

Very Right brained

Beto Uribeon

"I learned a lot from this series. It was fun and, as they advertise, very right brained. I have been watching some French movies recently and am surprised by how much I can understand."

Rich and spoiled meets poor and loving it!

ByClay (**TOP 500 REVIEWER**)

"This book came highly recommended from a friend of mine, and although the genre didn't seem like something I would be interested in, I thought I'd give it a shot. I was pleasantly surprised and happy with the story. Dunham does a great job of really portraying these characters, I mean a gypsy and rich girl what more could you ask for. They really complimented each other in the story. Will be looking for more from Dunham in the future."

Part I

L'histoire.

(Dans l'appartement de Benoît. Benoît joue du violon[1] et il chante.[2] Il vous voit et il s'arrête[3])

BENOÎT
Bonjour, comment allez-vous? Moi? Je vais bien, merci. Je m'appelle Benoît Laurent, et voilà mon histoire.[4]

(Benoît joue du violon)
Oui, oui, je suis musicien. Je chante...et je joue du violon.

Je suis un homme. J'habite en France dans la belle ville de Paris!

ANDRÉ
Waof[5]

BENOÎT
Ah oui! J'ai un chien.[6] Voilà André.

Je suis un homme.[7] J'habite[8] en France. J'ai un chien. Et oui, ma profession, c'est la musique. (Benoît joue du violon)[9]

Okay, okay. L'histoire. Mon histoire, c'est l'histoire d'un homme. Et oui, l'homme c'est moi, Benoît.[10]

Et c'est l'histoire d'une femme.[11] Une belle [12] femme. Et l'histoire c'est...

ANDRÉ
Waof !

BENOÎT
Non, non. Désolé André. Pas un chien.

ANDRÉ
Waof !

BENOÎT
Okay, okay, d'accord. Et c'est l'histoire d'un chien, aussi.[13]

Et d'un problème.

Quel est le problème? C'est une bonne[14] question! Et bien... continuer à lire![15]

(À l'aéroport Charles De Gaulle. Marie-Anne arrive. Son mobile sonne. Marie-Anne parle très sévèrement.[16]

MARIE-ANNE
Allo?
Oui, Julie. Oui, je suis
arrivée[17] à Paris. Allô? Allô?
(Plus fort) Oui. Oui, je suis
arrivée à Paris !

Oui. Oui, c'est possible.

Taxi! Taxi!
(Taxi passe)[18]
Idiot!! (Au chauffeur du
taxi).[19]
Oui, (à Julie). Pas
impossible. Possible! Vous
êtes mon assistante, n'est-ce
pas? Vous êtes mon
assistante, alors, assistez-
moi! TAXI!! TAXI!!!

A l'hôtel, Je voudrais un
sandwich et un café. Oui, il
est tard...et alors? Non, non,
non, non.

RAYMOND (Chauffeur de
taxi)
Taxi, Mademoiselle?

MARIE-ANNE
Oui, taxi.

MARIE-ANNE -- (à Julie) Un hamburger?
Non! Pas un hamburger! Ecoutez. Ecoutez.
Un sandwich!!! (Elle raccroche le téléphone
et entre dans le taxi de Raymond)

RAYMOND
Mademoiselle, où est-ce que vous allez?[20]

MARIE-ANNE
Hôtel Cartier.

RAYMOND
L'hôtel Cartier?

MARIE-ANNE
Oui.

RAYMOND
Ah oui. L'hôtel Cartier est très beau.[21] Et
très grand.

MARIE-ANNE
Oui.

RAYMOND
Hmmm. Et vous. Je vous connais.[22] Vous
êtes[23] mademoiselle Marie-Anne Cartier.

MARIE-ANNE
(Soupirs[24]) Oui. Oui. Oui.

RAYMOND
Moi, je m'appelle Raymond.

MARIE-ANNE
Hmm

RAYMOND
Vous êtes plus belle que vos photos.[25]

MARIE-ANNE
A l'hôtel! S'il vous plaît![26]

RAYMOND

Désolé.[27] Désolé. Oui, oui, Mademoiselle Cartier.

On dit que vous êtes très riche.[28] Hmmm. Très riche. Et votre collier.[29] Vous avez[30] un beau diamant.[31] Un gros[32] diamant.

MARIE-ANNE

Incroyable... Vous êtes très bizarre.[33] A l'hôtel !
Idiot !

(La voiture s'arrête[34])

Pourquoi est-ce que nous nous arrêtons?[35]

RAYMOND

Le diamant, mademoiselle Cartier. Le diamant.

MARIE-ANNE

Arrêtez. Arrêtez. Arrêtez!

RAYMOND

Donnez-moi le diamant![36]

(Raymond attaque Marie-Anne)

MARIE-ANNE
Au secours! Au secours![37]

RAYMOND
Donnez-moi le diamant!

(Benoît et André marchent dans la rue)[38]

(Marie-Anne crie)[39]
(Marie-Anne fuit)[40]

BENOÎT
Qu'est-ce que c'est, André?

MARIE-ANNE
Au secours!

BENOÎT
Bonjour ? Bonjour? Qui est là?

MARIE-ANNE
Arrêtez! Arrêtez!

BENOÎT
On y va, André!

ANDRÉ
Waof !

RAYMOND
Le diamant. Donnez-moi le diamant!

BENOÎT (à Raymond)
Arrêtez! Arrêtez!

RAYMOND (à Benoît)
Hein?[41] Casse-toi![42]

BENOÎT
Moi? Non! Je suis Benoît Laurent. Je suis violoniste.

RAYMOND
Hein?

MARIE-ANNE
Comment?

BENOÎT
Madame, mon violon, si vous permettez.

(Benoît donne son violon à Marie-Anne)
MARIE-ANNE (Surprise)
Hein?

RAYMOND

Idiot! Casse-toi!

BENOÎT
Non merci, Monsieur.

RAYMOND
Uh?

(Benoît frappe[43] Raymond. André l'attaque)

RAYMOND

Arrêtez! Arrêtez maintenant.[44] Monsieur.
(Raymond fuit)

BENOÎT (à Marie-Anne)

Mademoiselle, venez avec moi.[45]

BENOÎT

Ça va,[46] Mademoiselle?

MARIE-ANNE (Respiration difficile)

Oui, oui. Ca va.[47]

Voilà votre violon. (Marie-Anne redonne le violon à Benoît)

BENOÎT
Merci. Vous êtes sure?

MARIE-ANNE
Oui, ça va.

BENOÎT
Où est-ce que vous allez?

MARIE-ANNE
Hôtel... Hôtel Cartier.

BENOÎT
On y va.[48]

MARIE-ANNE
Non, non, non merci.

(Marie-Anne pleure)[49]

BENOÎT
Oh... ça va, ça va.

MARIE-ANNE
Je suis désolée...

BENOÎT
Non, non! (Benoît joue du violon pour Marie-Anne)

MARIE-ANNE

Oh! Vous êtes musicien?

BENOÎT
Oui, oui! Je suis musicien.

MARIE-ANNE
Oh... très intéressant.

BENOÎT
Et je chante. (Il chante un peu) On y va.

MARIE-ANNE
Non, non. J'y vais seule.[50]

BENOÎT
(Il chante) Venez. .. Venez.... (il s'arrête soudainement). Je m'appelle Benoît Laurent.

MARIE-ANNE
Euh, oui. Je sais.[51] Enchantée. Mais...[52]

BENOÎT
Et voilà, mon chien. Il s'appelle André. Mais attention,[53] Il est très, très féroce.[54]
(Benoît taquine[55] Marie-Anne)
ANDRÉ
Waof. Waof. (André grogne mais André est taquin.)[56]

MARIE-ANNE
Oh! (Elle rit un peu[57]) Bonjour André!

ANDRÉ
Waof!!

BENOÎT
Vous, moi, et André. On va ensemble à l'hôtel.[58]

MARIE-ANNE

(Réticente[59]) Oh. Oh. Okay, d'accord.

MARIE-ANNE
Très bizarre. Très bizarre.

BENOÎT
Oui.

MARIE-ANNE
Monsieur. Merci beaucoup. Je...[60]

BENOÎT
Pas de problème.[61] Avec plaisir.[62]
Et... euh... Je m'appelle Benoît Laurent.

MARIE-ANNE
Oui, oui. Je sais. Et oh. Oh.

BENOÎT
Oui. Comment vous appelez-vous?

MARIE-ANNE
Oh. Oui. Je m'appelle Marie-Anne. Euh... Juste Marie-Anne.[63]

BENOÎT
Juste Marie-Anne? Juste Marie-Anne? Très bien. Enchanté "juste Marie-Anne".

MARIE-ANNE (Elle est très désagréable)
Non. Ecoutez. Je m'appelle Marie-Anne. Marie-Anne, s'il vous plait. Et je voudrais
vous payer...[64]
BENOÎT
Me payer?![65] (en taquinant[66]) Mais non, non. Marie-Anne, André et moi, on est les
héros.[67] Non, non, c'est impossible.
Okay, okay. Vous voulez me payer?

MARIE-ANNE
Et bien, oui.

BENOÎT
Alors, chantez avec moi.

MARIE-ANNE
Impossible. Non. Non.

(Benoît chante un peu)

MARIE-ANNE
NON. NON. Impossible.

(Benoît continue à chanter.
Marie-Anne rit et puis elle
chante juste un peu)
BENOÎT
Marie-Anne, vous chantez
bien!

MARIE-ANNE
Non...

**(Benoît joue du violon et
Marie-Anne chante. Benoît
et Marie-Anne rient**[68]**)**

(Hôtel Cartier extérieur)
PORTIER (de l'hôtel
Cartier)

Ah, bonsoir, mademoiselle Cartier.

BENOÎT (Surpris)
Vous, vous êtes mademoiselle Cartier?!!! Marie-Anne, CARTIER?!!

MARIE-ANNE (Réticente)
Oui, oui. Je suis Marie-Anne Cartier.

BENOÎT
Ah... Donc[69], "juste Marie-Anne"... "Juste Marie-Anne" est l'héritière[70]- Marie-Anne Cartier......

MARIE-ANNE
S'il vous plaît. Je voudrais vous inviter à dîner.[71]

BENOÎT
Non. Non, mademoiselle Cartier. Le dîner, ce n'est pas nécessaire.

MARIE-ANNE
J'insiste pour vous payer.[72]

BENOÎT
Mademoiselle Cartier, vous allez bien?[73]

MARIE-ANNE
Oui. Oui, ça va.

BENOÎT
Okay. Si vous allez bien, alors je suis content![74] Considérez-moi payé![75]

(Benoît s'en va[76])
MARIE-ANNE
Mais, monsieur Laurent...

BENOÎT
Benoît, s'il vous plaît. Et Marie-Anne...

MARIE-ANNE
Oui?

BENOÎT
Chantez. Vous chantez très bien. Au revoir!

MARIE-ANNE
Benoît, s'il vous plait…Au revoir.

PORTIER
Mademoiselle Cartier?

MARIE-ANNE
Oui?

PORTIER
Vous allez bien?

MARIE-ANNE
Oui, non. Je...Je ne sais pas...[77] Je ne sais pas.

(Plus Tard)

BENOÎT
Ah. André, André.

ANDRÉ
Woaf

BENOÎT
Elle est belle, n'est-ce pas?[78] Oui. Elle est belle. Mais, elle n'est pas pour toi,[79] André. Et elle n'est pas pour moi.[80]

(Le taxi de Raymond)

RAYMOND
Mademoiselle Cartier. Mademoiselle Cartier. Très très riche. Très, très belle. Et un homme, avec un chien. Mademoiselle Cartier a un gros diamant. Où est le diamant? Le diamant est avec mademoiselle Cartier. Le diamant. Le diamant !

(Au téléphone à l'Hôtel Cartier)

MARIE-ANNE
Julie. J'ai une mission pour vous. Oui, oui. Je sais qu'il est tard.[81] Cherchez[82] un nom.[83] Cherchez le nom Benoît Laurent. Et Julie?

Où est mon sandwich?!!!

Part I Questions

French Close-up: In English, we use is, are, do, or did before a question. In French, it is very simple. Only "est-ce que." PLEASE PRACTICE Yes/ No Questions. Please answer oui (yes) or Non (no). Don't worry if you don't understand the whole question. Look for the key words.

1. Est-ce que Benoît est un homme?
2. Est-ce que Benoît est une femme?
3. Est-ce que Benoît habite en France?
4. Est-ce que Benoît habite à New York?
5. Est-ce que Benoît a un problème?
6. Est-ce que l'assistante de Marie-Anne s'appelle André?
7. Est-ce que le chien de Benoît s'appelle André ?
8. Est-ce que Paris est une belle ville?
9. Est-ce que Marie-Anne est arrivée à New York ?
10. Est-ce que Marie-Anne est arrivée à Paris?[84]

"Who says," is "Qui dit". Answer the following "qui dit" questions with Marie-Anne, Benoît, or Raymond.

Example:

Qui dit: « L'Hôtel Cartier est très beau. » ? Benoît.

1. Qui dit: « Un hamburger? Pas un hamburger » ?
2. Qui dit: « Au secours ! Au secours ! » ?
3. Qui dit: « Donnez-moi le diamant ! » ?
4. Qui dit: « Mon violon, si vous permettez » ?
5. Qui dit: « Oui, oui. Ça va." ?
6. Qui dit: « Incroyable... Vous êtes très bizarre. » ?
7. Qui dit: « Vous êtes plus belle que vos photos. » ?
8. Qui dit: « A l'hôtel! S'il vous plaît ! » ?

9. Qui dit: « Vous avez un beau diamant. Un gros diamant » ?

10. Qui dit: " Non, non. J'y vais seule. » ?[85]

"Peut-être" means "maybe." « Peut-être » Answer the questions with "yes, no, or maybe" Oui, Non, ou, peut-être"

1. Est-ce que Marie-Anne voudrait payer Benoît ?

2. Est-ce que Benoît veut que Marie-Anne le repaie?

3. Est-ce que Benoît est un héros?

4. Est-ce que Marie-Anne a une assistante?

5. Est-ce que son assistante s'appelle Julie?

6. Est-ce que Julie a un chien?

7. Est-ce que Marie-Anne est belle?

8. Est-ce que Benoît est beau?

9. Est-ce que Marie-Anne a un violon ?

10. Est-ce que Benoît a un gros diamant?[86]

Part II

Le téléphone

(Benoît est à l'intérieur de son appartement. Il joue du violon.)

BENOÎT
Bonjour, mes amis! Comment allez-vous? Moi, je vais bien. Oui. Je m'appelle Benoît Laurent. J'habite dans la belle ville de Paris ! J'ai un chien. Il s'appelle André.

ANDRÉ
Waof !

BENOÎT
Et il y a une femme. Elle s'appelle Marie-Anne. Elle a un grand hôtel. L'hôtel s'appelle Hôtel Cartier. Et Marie-Anne a un gros diamant. Pourquoi est-ce qu'elle a un diamant? (Il joue une note$\frac{87}{}$) Je ne sais pas. (Un peu découragé) Et il y a un homme.

Il s'appelle Raymond. Il veut le diamant. Mais pas de problème! Parce que je suis le héros !

ANDRÉ
Waof ! Waof !

BENOÎT
Oh. Désolé André. Tu es un héros aussi.[88] (Il soupire[89]) Marie-Anne est très belle. Mais... elle n'est pas pour moi. Et André... elle n'est pas pour toi.

(Le téléphone sonne)

BENOÎT
Allô?

MARIE-ANNE
(Elle parle avec assurance)[90] Est-ce que je pourrais parler à[91] Monsieur Benoît Laurent?

BENOÎT
Oui. Oui. Je suis Benoît Laurent.

MARIE-ANNE
C'est Marie-Anne Cartier.

BENOÎT
Oui…Oui. Oh. Vous avez mon numéro de téléphone ?

MARIE-ANNE
Oui. Oui.

BENOÎT
Comment est-ce que vous avez mon numéro de téléphone?![92]

MARIE-ANNE
Je ne sais pas. J'ai une assistante. Ce n'est pas un problème.

BENOÎT
Oh. Okay. Eh bien, comment allez-vous?

MARIE-ANNE
Ça va. Euh. Mais, je voudrais...

BENOÎT
Oui. Je vais bien aussi.[93]

MARIE-ANNE
Pardon! Pardon. Comment allez-vous?

BENOÎT
Ça va. Merci (enjoué).[94]

MARIE-ANNE
Je voudrais vous inviter à dîner. Vous et votre femme.[95]

BENOÎT
Mais mademoiselle Cartier...

MARIE-ANNE
Marie-Anne.

BENOÎT
Je suis désolé, mais je n'ai pas de femme. Je ne suis pas marié.[96]

MARIE-ANNE
Oh... d'accord....[97] Je voudrais vous inviter à dîner. Je voudrais vous dire merci...[98]

BENOÎT
Ah. Je vois.[99] Il fait beau,[100] n'est-ce pas?

MARIE-ANNE
Euh... Peut-être...

BENOÎT
Mais oui. Il fait très beau.

MARIE-ANNE
Oui. Oui. Il fait beau. Mais je voudrais vous inviter à dîner!

BENOÎT
(Un peu sévère-mais toujours poli)[101] Oui. Oui. D'accord. Oui, oui. Je vois. Il n'y a pas de problème. Le dîner n'est pas nécessaire. Merci. Si vous allez bien, je vais bien. D'accord?

MARIE-ANNE
Mais, mais!!!

BENOÎT
Le dîner n'est pas nécessaire. Merci. Au revoir.

MARIE-ANNE
Mais, Monsieur Laurent.

(Il raccroche le téléphone.)
BENOÎT
André, c'est la femme riche. L'héritière. (André aboie)[102]

(Le téléphone sonne encore)

BENOÎT
Uh oh.
Euh... Allô?

MARIE-ANNE
Monsieur Laurent!!!

BENOÎT
Benoît. S'il vous plaît. Comment allez-vous?

MARIE-ANNE
Ça ne va pas!!![103] Vous êtes très impoli,[104] Monsieur Laurent. Vous êtes très impoli.
Très, très impoli.

BENOÎT
Je suis impoli!? **Je** suis impoli?.... Bien. Bien. Je suis désolé, vraiment désolé.[105]
Pourquoi est-ce que je suis impoli?[106]

MARIE-ANNE
Je ne peux pas vous payer. Je ne peux pas vous inviter à dîner. Je ne peux pas vous
dire merci. Pourquoi? Pourquoi??!!![107]

BENOÎT
Eh bien... Mais c'est compliqué. Eh bien, le problème, c'est...

MARIE-ANNE
Oui, oui...?

BENOÎT
Je ne peux pas vous embrasser.[108]

MARIE-ANNE
(Halètement)[109] Je ne comprends pas?![110]

BENOÎT
Je ne peux pas vous embrasser.

MARIE-ANNE

Vous ne pouvez pas m'embrasser?[111]

BENOÎT

Oui. Je suis désolé.
Eh bien. C'est compliqué.

MARIE-ANNE

(calme) S'il vous plaît. S'il vous plaît. Expliquez.[112]

BENOÎT

Eh bien, vous êtes une femme.

MARIE-ANNE

Très bien. Très bien. (Exaspérée et sarcastique). Vous êtes très intelligent.

BENOÎT

Et je suis un homme.

MARIE-ANNE

Bravo. Bravo. (Son exaspération grandit). Continuez s'il vous plaît!

BENOÎT

Et si nous allons dîner.[113] Vous et moi... Moi et vous... Alors...

MARIE-ANNE

Oui ?!

BENOÎT

C'est possible...on pourrait s'embrasser?[114]

MARIE-ANNE

Vraiment????[115]

BENOÎT

Et après.[116] Vous et moi. Moi et vous.

MARIE-ANNE
Oui. après.??!!
BENOÎT
Je pense...[117]

MARIE-ANNE
Oui. Oui!! (Le suspense)

BENOÎT
C'est possible que l'on tombe
amoureux.[118]

MARIE-ANNE
(Halètement)! Tomber
amoureux??!!![119]

BENOÎT
Alors, je suis désolé. Marie-
Anne. Je ne peux pas vous
embrasser.

MARIE-ANNE
(Halètement)

(Marie-Anne raccroche le
téléphone (Benoît pense un
peu.) (Le téléphone sonne)
BENOÎT
Hmmm. Hmmm. (André
aboie). Non. André. Je ne
peux pas.
Je ne peux pas. Je ne peux pas,
André. (Le téléphone continue de sonner). D'accord. D'accord. André. (Il répond au
téléphone. Poliment).
Allô?

MARIE-ANNE
(En colère)[120]. Je ne veux pas vous embrasser!!!![121] (Elle rit hystériquement). Je veux

vous dire merci. Je veux vous inviter à dîner. Je ne veux pas vous embrasser!

BENOÎT

(Calme). Je vois. Bien. (Il soupire un peu). Peut-être.[122]

MARIE-ANNE
Peut-être?

BENOÎT
Peut-être.

MARIE-ANNE

(Elle commence à parler en essayant de prendre le contrôle de la situation[123]). Je suis vraiment désolée. Vraiment, vraiment désolée. Mais j'ai une question. C'est une question très, très stupide.

BENOÎT
Non, pas stupide, je pense.

MARIE-ANNE
Oh si. Très très stupide. (Calme) Mais s'il vous plaît. Je ne veux pas vous embrasser. (En colère) Je ne veux absolument pas vous embrasser!!! (calme) Mais j'ai une question. Je suis Marie-Anne Cartier. Je suis très riche. Beaucoup d'hommes veulent m'embrasser! !![124] Beaucoup d'hommes! (une petite pause). Beaucoup d'hommes veulent m'épouser![125]

BENOÎT
Eh bien. Oui. Oui. Vous êtes riche, et vous êtes très belle aussi.

MARIE-ANNE
Euh... merci.
S'il vous plaît, expliquez.

BENOÎT
Bien sûr. Eh bien, j'embrasse seulement les filles que je peux épouser.[126]

MARIE-ANNE
OK, ok.

BENOÎT
Et je ne peux pas vous
épouser.[127]

MARIE-ANNE
(Incrédule)

BENOÎT
Je suis désolé. Je ne peux pas
vous épouser.

MARIE-ANNE
Vous ne pouvez pas
m'épouser.[128] (Très très
calme)
BENOÎT
Je suis désolé.

MARIE-ANNE
Je comprends.[129]

BENOÎT
Vraiment désolé.

MARIE-ANNE
(Extrêmement calme)
Excusez-moi.

BENOÎT
Ok.

MARIE-ANNE
Juste un moment. (Elle pose le téléphone)[130]

BENOÎT
Ok, ok. Pas de problème.

(Un silence)

(Marie-Anne hurle.[131] Elle fait une pause, puis elle hurle plus. Elle décroche le téléphone)[132]

(Benoît halète)

MARIE-ANNE
Allô ?

BENOÎT
(Benoît semble un peu choqué)[133] Vous... vous allez bien?

MARIE-ANNE
Oui. Oui. .... Ça va. Ça va bien. (long silence) Très bien. Euh... Est-ce que je peux vous poser une autre question?[134]

BENOÎT
(Il hésite un peu) Je pense que oui .

MARIE-ANNE
S'il vous plaît. ....

BENOÎT
Quelle est la question?

MARIE-ANNE
Pourquoi est-ce que vous ne voulez pas m'épouser?[135]

BENOÎT
Eh bien...

BENOÎT (Il chante une chanson)
Vous êtes adorable. Mais c'est probable, mais pas quantifiable. Mais c'est probable, c'est très possible, c'est raisonnable. Oui, c'est crédible, parce que je suis éligible, que pour vous, je suis irrésistible.

MARIE-ANNE (Elle chante)
Ah! C'est remarquable, c'est incroyable, mais c'est possible. Vous êtes pitoyable,

incorrigible, absolument détestable. C'est impossible, inimaginable: pour moi vous êtes irrésistible!

BENOÎT (Il chante)
Ah…oui, oui ! Vous êtes adorable, et désagréable! Nous sommes vraiment incompatibles. Vous êtes si riche. Je suis sensible. Et pourtant,[136] vous êtes désirable. Je suis inflexible. Je ne peux pas vous épouser.

MARIE-ANNE (Elle s'arrête de chanter)
Benoît..... Je suis désolée d'être riche. Je suis désolée d'être désagréable. Mais je ne veux pas vous épouser.[137] Et je ne veux pas vous embrasser. Je veux juste vous inviter à dîner. Je veux vous remercier!!!!![138] (Calme à nouveau).[139] Si vous permettez…

BENOÎT
Eh bien…

MARIE-ANNE
Oui. Je sais. Je suis une femme. Vous êtes un homme. Nous dînerons au restaurant avec cent personnes![140] Le restaurant Martin -- demain? 20 heures?[141]

BENOÎT
Oui, oui. Bien sûr.[142]

MARIE-ANNE
Très bien. On mange.[143] On parle.[144] Je vous remercie.[145] Je ne vous embrasse pas. Mais je vous invite. Et c'est fini.[146] Fini. Fini.

BENOÎT
Parfait.[147]

MARIE-ANNE
Oui. Parfait. Et Benoît …

BENOÎT
Oui?

MARIE-ANNE
Il ne fait pas beau!!!!![148] (Elle chante doucement)[149] Bonne nuit.[150]

Part II Questions

OUI ou NON

Répondez aux questions par OUI ou NON.

1. Est-ce que Benoît a un téléphone?
2. Est-ce que Marie-Anne a le numéro de téléphone de Benoît ?
3. Est-ce que Marie-Anne a une assistante?
4. Est-ce que Marie-Anne veut inviter Benoît à dîner ?
5. Est-ce qu'il fait beau?
6. Est-ce que Benoît veut aller dîner avec Marie-Anne ?
7. Est-ce que Benoît a une assistante?
8. Est-ce que Benoît a une femme?
9. Est-ce que Benoît a le numéro de téléphone de Marie-Anne?
10. Est-ce que Marie-Anne veut inviter Benoît à dîner ?[151]

WHO AM I? Qui suis-je?

IMAGINE THAT I AM SOMEONE IN PARIS. WHO AM I? LISTEN.

1. Je suis musicien. Je joue du violon. J'ai un chien. Qui suis-je ?
2 J'ai un hôtel. Je n'ai pas de chien. Mais j'ai un diamant. Qui suis-je?
3. J'habite dans la belle ville de Paris. J'habite dans un appartement. Je ne joue pas de violon. Je ne suis pas musicien. Je suis féroce. Qui suis-je?
4. J'ai un taxi. Je veux un diamant. Je n'ai pas de diamant. Qui suis-je ?
5. J'ai un téléphone. Je pense que Marie-Anne est très belle. Mais je ne veux pas l'embrasser. Qui suis-je ?
6. Beaucoup d'hommes veulent m'embrasser. Beaucoup d'hommes veulent se marier avec moi. Je suis très riche. Qui suis-je ?[152]

PRACTICE WITH NUMBERS. Pratique avec des numéros READ THE NUMBERS ONE THROUGH FIVE IN FRENCH

(Un, deux, trois, quatre, cinq)

ANSWER THE FOLLOWING QUESTIONS - TRUE OR FALSE

1. Un plus un égale deux.
2. Un plus deux égale trois.
3. Un plus trois égale quatre.

4. Un plus quatre égale cinq.

5. Un plus un égale quatre.

6. Un plus trois égale quatre.

7. Un plus quatre égale deux.

8. Deux plus deux égale quatre.

9. Deux plus un égale cinq.

10. Quatre plus un égale cinq.[153]

THE REPORTER - Le Reporter
IMAGINE THAT YOU ARE BENOÎT AND A REPORTER IS ASKING YOU QUESTIONS. ANSWER "OUI" OR "NON."
1. Est-ce que vous vous appelez Raymond?

2. Est-ce que vous vous appelez Benoît ?

3. Est-ce que vous êtes musicien?

4. Est-ce que vous habitez à Paris?

5. Est-ce que vous habitez dans un hôtel ?

6. Est-ce que vous habitez dans un appartement?

7. Est-ce que vous avez une femme?

8. Est-ce que vous chantez?

9. Est-ce que vous jouez du violon?

10. Est-ce que vous avez un chien?[154]

SPECIAL TREAT -- If you'd like to hear the real song implied at the end of this chapter, go to http://languageandlyrics.com/credits.

Part III

Le Restaurant

(Un beau restaurant français avec un pianiste)

SERVEUR
Bonsoir Madame. Une table pour une personne?

MARIE-ANNE
Non, une table pour deux personnes.

SERVEUR
Par ici, Madame.

SERVEUR
Est-ce que cette table-ci vous convient?

MARIE-ANNE
Oui. Ça va.

SERVEUR
Et votre ami?[155]

MARIE-ANNE
Ce n'est pas mon ami!

SERVEUR
Oh, je suis désolé, Madame.

MARIE-ANNE
Euh. Bon. Il est en retard.[156]

SERVEUR
Je comprends, Madame. Est-ce que vous aimeriez boire quelque chose?

MARIE-ANNE
Non, merci.

(Benoît entre dans le restaurant)

BENOÎT
Bonsoir, comment allez-vous?

DANIEL (Un client dans le restaurant)
Très bien, merci. Et vous?

BENOÎT
Très, très bien! Merci ! Bonsoir…c'est bon ???

JEAN-MARIE (Un client dans le restaurant) Oui…effectivement…

BENOÎT
Bonsoir monsieur !

PIERRE-LOUIS (Un client dans le restaurant) Euh…bonsoir…

BENOÎT
Ah ! Bonsoir, Marie-Anne. Comment allez-vous?

MARIE-ANNE
Vous êtes en retard.

BENOÎT
Bonsoir, Madame Cartier. Comment allez-vous?

MARIE-ANNE
Bien, bien. Asseyez-vous s'il vous plaît.[157]
BENOÎT
Merci.

SERVEUR
Bonsoir, Monsieur. Est-ce que vous aimeriez du vin?[158]

BENOÎT
Je ne sais pas. Je pense que oui.[159]

MARIE-ANNE
Je voudrais un verre de vin blanc.[160]

BENOÎT
D'accord, d'accord. Un verre de vin[161] rouge[162] pour moi.

BENOÎT

Il fait beau aujourd'hui.[163]

MARIE-ANNE

Euh... oui, je sais.

Euh. Oui. Où[164] est André?

BENOÎT

Ah, André. Il est dans
l'appartement. Il est fatigué,
aujourd'hui.

MARIE-ANNE

Vous avez[165] votre violon.

BENOÎT

Oui. Oui. Bien sûr.

MARIE-ANNE

Pourquoi?

BENOÎT

Vous avez votre diamant.

MARIE-ANNE

Euh, oui.

BENOÎT

Pourquoi?

MARIE-ANNE

(Sur la défensive) Mon diamant est très spécial.

BENOÎT

Il est très gros.

MARIE-ANNE

Non. Ça, ce n'est pas important. Il est... très... spécial. (Elle semble un peu triste[166]).

BENOÎT
Ah vraiment. Pourquoi est-ce qu'il est spécial?

SERVEUR
Votre Vin, Monsieur.

BENOÎT
Merci.

SERVEUR
Est-ce que vous désirez manger[167] quelque chose?[168]

BENOÎT
Oui, oui. Je voudrais le bœuf.[169]

MARIE-ANNE
Oui. Je voudrais le poulet.[170]

BENOÎT
Et maintenant, Marie-Anne. Pourquoi est-ce que le diamant est si[171] spécial?

MARIE-ANNE
Ma grand-mère m'a donné ce diamant.[172] Et ma grand-mère m'était très chère.[173]

BENOÎT
Je comprends. Où est votre grand-mère?

MARIE-ANNE
Elle est morte.[174]

BENOÎT
Oh, je suis désolé.

MARIE-ANNE
Ma mère, mon père, mon grand-père, ma grand-mère. Ils sont tous morts.[175]

BENOÎT
Oh. Je suis vraiment désolé.

MARIE-ANNE
Non, non. Ça va.

BENOÎT
Ah. Bien..... Le diamant.... C'est un très beau diamant.

MARIE-ANNE
Vous pensez?

BENOÎT
Oui, oui. Très beau, ce diamant.

MARIE-ANNE
Et vous, vos parents?

BENOÎT
Oh. Ce n'est pas intéressant.

MARIE-ANNE
Euh. Si.[176] C'est intéressant. Où sont vos parents?[177]

BENOÎT
(Il boit[178] du vin). Ah, le vin est bon!

MARIE-ANNE
Oui. Il est bon.

BENOÎT
A nos familles!

MARIE-ANNE
Ok. A nos familles. (Ils trinquent)[179]

BENOÎT
Et au diamant de votre grand-mère. (Ils trinquent encore[180])

MARIE-ANNE
D'accord. Merci.

BENOÎT
Je pense qu'on a besoin...[181]

MARIE-ANNE
De quoi est-ce qu'on a besoin?[182]

(Benoît prend son violon)

MARIE-ANNE
De la musique Ici?[183] Non.

BENOÎT
Ça va, Marie-Anne.

MARIE-ANNE
Benoît. Non. Nous sommes au restaurant.

(Benoît accorde[184] son violon)

MARIE-ANNE
Benoît. Arrêtez.

BENOÎT
Ok. Ok. Regardez,[185] s'il vous plaît.

BENOÎT
Bonsoir, Monsieur.

PIERRE-LOUIS
Bonsoir.

BENOÎT
Je m'appelle Benoît Laurent, et je suis musicien. Je voudrais jouer du violon. Qu'est-ce que vous en pensez?

PIERRE-LOUIS
Je vous en prie![186] Jouez!

RACHAEL
Oui. Oui! J'adore le violon!

BENOÎT
Vous insistez?

TOUS LES CLIENTS
Oui, nous insistons. Nous insistons! Jouez !!!

BENOÎT
Marie-Anne. Ils insistent!

MARIE-ANNE
Oh…Continuez!

BENOÎT
Est-ce que ça va Marie-Anne? Tout va bien?[187]

MARIE-ANNE
(Elle rit.) Oui. Oui. Ça va. C'est très bien!

   (Benoît joue du violon. Il joue très vite[188] et très joliment[189] avec l'énergie)
RACHEL
Bravo!

LOUIS
C'est magnifique!

PIERRE-LOUIS
Formidable.[190]

TOUS LES CLIENTS
Une autre! Une autre!

BENOÎT
Qu'est-ce que vous en pensez, Marie-Anne? Je continue?

MARIE-ANNE
(En riant). Oui. Oui. Continuez!

BENOÎT
Comment? Comment?

MARIE-ANNE
(Plus fort). Continuez, s'il vous plaît!

TOUS LES CLIENTS
Une autre! Une autre!

JEAN-MARIE
Vraiment très bien. Merci!

BENOÎT
Marie-Anne. Chante avec moi. s'il vous plaît!

MARIE-ANNE
Quoi ? Non

BENOÎT

S'il vous plaît. (Il parle très doucement)

(Benoît commence[191] **à chanter. Peu à peu,**[192] **Marie-Anne commence à chanter.**

Elle chante très joliment. Et peu à peu, Benoît commence à l'aimer[193]**)**

(Les clients applaudissent)

BENOÎT

Marie-Anne. Vraiment très bien, Marie-Anne! Il fait beau?

MARIE-ANNE

(Elle rit - puis, devenue[194] sérieuse) Oui, Benoît. Il fait beau. Il fait beau!

(Les applaudissements continuent) A suivre...[195]

Part III Questions

OUI ou NON
REPONDEZ AUX QUESTIONS AVEC "OUI" OU "NON"
1. Est-ce que Marie-Anne va au restaurant ?
2. Est-ce que Benoît est en retard?
3. Est-ce que Marie-Anne est en retard?
4. Est-ce que Marie-Anne voudrait une table pour deux personnes ?
5. Est-ce qu'André est dans l'appartement?
6. Est-ce que Marie-Anne voudrait une table pour une personne?
7. Est-ce qu'André est fatigué?
8. Est-ce que le diamant est très gros?
9. Est-ce que le diamant est spécial ?
10. Est-ce que le diamant est petit?[196]

QUI A LA BALLE? (WHO HAS THE BALL?) REPONDEZ AUX QUESTIONS
1. Jacques a une balle. Jacques donne la balle à Marie. Qui a la balle?
2. Marie a une balle. Marie donne la balle à Thomas. Qui a la balle?
3. Jacques a une balle. Jacques donne la balle à Thomas. Thomas donne la balle à Marie. Qui a la balle ?
4. Marie a une balle. Marie donne la balle à Thomas. Thomas donne la balle à Jacques. Qui a la balle ?
5. Jacques a une balle. Jacques donne la balle à Marie. Marie donne la balle à Thomas. Thomas donne la balle à Marie. Qui a la balle ?[197]

PRACTICE WITH NUMBERS – Pratiquez avec des numéros Lisez les numéros :
un, deux, trois, quatre, cinq, six.
Donnez le nombre correct.
1. Un plus un égale ?
2. Un plus deux égale ?
3. Deux plus deux égale ?
4. Deux plus trois égale ?
5. Trois plus trois égale ?
6. Trois plus un égale ?

7. Quatre plus deux égale ?

8. Un plus deux plus un égale ?

9. Deux plus trois plus un égale ?

10. Six moins deux égale ? [198]

<u>1</u> plays

<u>2</u> sings

<u>3</u> He sees you and he stops <u>4</u> This is my story

<u>5</u> woof

<u>6</u> dog

<u>7</u> I am a man

<u>8</u> I live

<u>9</u> Benoît plays the violin <u>10</u> The story. My story, it's the story of a man. And yes, the man is me, Benoît.

<u>11</u> woman (sometimes means wife) <u>12</u> beautiful

<u>13</u> also

<u>14</u> good

<u>15</u> continue to read

<u>16</u> Marie-Anne speaks very severely <u>17</u> I arrived

<u>18</u> Taxi passes by

<u>19</u> To the taxi driver

<u>20</u> Where are you going?

<u>21</u> beautiful

<u>22</u> I know you

<u>23</u> You are <u>24</u> Sighs <u>25</u> You are more beautiful than your pictures <u>26</u> If you please!

<u>27</u> Sorry

<u>28</u> They say that you are very rich <u>29</u> necklace

<u>30</u> You have

<u>31</u> diamond

<u>32</u> big

<u>33</u> very strange

<u>34</u> The car stops

<u>35</u> Why are we stopping?

<u>36</u> Give me the diamond

<u>37</u> help me!

<u>38</u> walking in the street <u>39</u> screams

<u>40</u> flees

<u>41</u> Huh?

<u>42</u> Get lost!

<u>43</u> hits

<u>44</u> now

<u>45</u> come with me

<u>46</u> Are you okay? or Are you well?

47 I'm okay.

48 Let's go.

49 cries

50 I'll go alone

51 I know

52 but

53 But be careful.

54 fierce

55 teasing

56 André growls, but André is teasing.

57 She laughs a little

58 Let's go together to the hotel 59 reluctant

60 Thank you very much. I....

61 Not a problem.

62 With pleasure

63 Just Marie-Anne

64 And I would like to pay you. (or repay you) 65 Pay me?

66 teasing

67 We are heroes.

68 laugh

69 so

70 Heiress

71 I would like to invite you to dinner 72 I insist on repaying you.

73 Are you all right?

74 If you're all right, then I am happy.

75 Consider me repaid

76 Benoît walks away

77 I don't know....

78 Isn't she?

79 But she is not for you, 80 And she is not for me.

81 I know it is late.

82 Search (or look for) 83 name

84 oui, non, oui, non, oui, non, oui, oui, non, oui 85 Marie-Anne, Marie-Anne, Raymond, Benoît , Marie-Anne, Marie-Anne, Raymond, Marie-Anne, Raymond, Marie-Anne.

86 Oui, non, oui, oui, oui, Peut-être, oui, Peut-être, non, non 87 He plays a note

88 also

89 He sighs

90 She speaks with confidence 91 May I speak to...

92 How do you have my telephone number?

93 Yes, I'm fine also.

94 playful

95 You and your wife

96 I am not married

97 okay

98 I would like to say thank you

99 I see
100 It's a beautiful day.

101 A little stern, but always polite 102 barks

103 I am not fine!

104 You are very impolite!

105 really sorry.

106 Why am I impolite?

107 Why?

108 To kiss (I cannot kiss you) 109 gasp

110 I don't understand.

111 You can not kiss me?

112 explain

113 And if we go to dinner...

114 It's possible…we could kiss 115 Really?

116 after

117 I think

118 It's possible that we'll fall in love.

119 Fall in love??!!!

120 angry

121 I don't want to kiss you.

122 maybe

123 She begins to talk, trying to take control of the situation.

124 Many men want to kiss me.

125 Many men want to marry me.

126 I only women that I can marry

127 And I can not marry you.

128 You can not marry me....

129 I understand

130 She puts the phone down.

131 screams

132 She picks up the phone.

133 shocked

134 Can I ask you another question?

35   Why don't you want to marry me?

36   yet

37   I don't want to marry you.

38   I want to thank you!

39   Calm again.

40   We will have dinner at a restaurant with 100 people[141] tomorrow? 8 p.m.?

42   Of course

43   We eat

44   We talk

45   I repay you.

46   And it's finished

47   perfect

48   It's not a beautiful day.

49   She sings sweetly....

50   Good night.

51   Oui, oui, oui, oui, oui, non, non, non, non, oui[152] Benoît , Marie-Anne, André, Raymond, Benoît , Marie-Anne [153] true, true, true, true, false, false, false, true, false, true,[154] non, oui, oui, oui, non, oui, non, oui, oui, oui,[155] And your friend?

56   He is late

57   Sit down, please

58   Would you like some wine[159] I think yes (I think so)[160] glass of white wine[161] wine

62   Red

63   today

64   Where

65   You have

66   sad

67   Would you like to eat[168] something

69   beef

70   chicken

71   so

72   My grandmother gave me this diamond[173] was very dear to me[174] dead

75   My mother, my father, my grandfather, my grandmother. They are all dead.

76   yes. (to contradict)[177] Where are you parents?

78   drinks

79   They clink

80   again

81   I think we need..

82   What do we need?

<u>83</u> here?

<u>84</u> tunes

<u>85</u> Watch (or look)

<u>86</u> You are welcome.

<u>87</u> Everything okay

<u>88</u> fast

<u>89</u> beautifully

<u>90</u> Wonderful

<u>91</u> begins

<u>92</u> little by little

<u>93</u> to love her

<u>94</u> becomes

<u>95</u> To be continued (Sign up for the announcement of Part II at languageandlyrics.com/offer)[196] oui, oui, non, oui, non, non, oui, oui, oui non,[197] Marie, Tom, Marie, Casey, Marie[198] deux, trois, quatre, quatre, six, quatre, six, trois, cinq, quatre

Part IV

La Réponse au mystère[1]

BENOÎT

Ah, Bonsoir. Je m'appelle Benoît Laurent. Et voici mon histoire.

Je suis musicien, et j'ai un chien. Il y a une femme. Elle s'appelle Marie-Anne. Oui, elle a un diamant. Elle a un gros diamant. Très, très, très gros. Je sais. Je sais. C'est étrange, mais je comprends. Maintenant je comprends. Sa grand-mère est morte. Et sa grand-mère lui a donné le diamant. En fait[2], sa grand-mère, son grand-père, sa mère et son père sont morts.

Je comprends Marie-Anne. Mais elle est riche. Et riche... ce n'est pas pour moi. (Soupirs[3])

Mais Marie-Anne est belle. Elle est très gentile aussi. Et elle chante très bien. Ecoutez. J'ai un nouveau mot[4] pour vous: "ouiseau." Elle chante comme un oiseau.[5] Est-ce que vous comprenez? Vous comprenez le

mot, "oiseau?" Voilà. Elle chante comme un oiseau. Vous comprenez? (Pause) Ah. Vous connaissez le mot "poulet". Et bien... voilà un poulet. (Il imite le cri du poulet[6]). Un poulet est un oiseau. Et un canard[7] est un oiseau aussi. Excellent. Maintenant, je continue mon histoire - l'histoire d'un homme, moi; une femme, Marie-Anne; et un chien, André.

AUTRES[8]
Bonne nuit! Merci pour la musique.

JEAN
Benoît, vous jouez magnifiquement!

BENOÎT
Merci

JEAN
Et Marie-Anne, vous chantez merveilleusement.[2]

Marie-Anne:

Non... je ne crois pas.

BENOÎT
En fait, elle chante comme un oiseau!

JEAN
Oui, elle chante comme un oiseau!

MARIE-ANNE

Oui, je chante comme un canard!

AUTRES
(Rire) Fantastique, fan-tas-tique. Bonne nuit!

MARIE-ANNE
Bonne nuit

BENOÎT
Bonne nuit

SERVEUR
Voilà votre poulet.

MARIE-ANNE
Merci.

SERVEUR
Et voici votre boeuf. Et Monsieur, j'aime beaucoup votre musique.

BENOÎT
Merci!

SERVEUR
Bon appétit

MARIE-ANNE
J'aimerais[10] un autre verre de vin.

SERVEUR
Vin blanc[11], ou vin rouge[12]?

MARIE-ANNE
Vin blanc.

SERVEUR
Et vous, monsieur?

BENOÎT
Oui, un autre verre. Mais je voudrais du vin rouge.

MARIE-ANNE
Comment est votre boeuf?[13]

BENOÎT
Il est délicieux. Et comment est votre poulet?

MARIE-ANNE
Délicieux. Merci.

MARIE-ANNE
Vous êtes très différent, Benoît.

BENOÎT
Ah oui? Comment?

MARIE-ANNE
Différent. Juste différent. Je ne peux pas expliquer.[14]

BENOÎT
C'est mal?

MARIE-ANNE
Non, c'est bien. (Pauses). Je pense.

BENOÎT
Merci. Vous êtes différente, aussi.

MARIE-ANNE
C'est mal?

BENOÎT
Non, c'est bien. (Pause) Je pense.

MARIE-ANNE
Mais je suis curieuse.[15]

BENOÎT
Curieuse? De quoi?[16]

MARIE-ANNE
De votre famille. Je suis très curieuse.

BENOÎT
(Crie[17] au pianiste). François? Est-ce que vous pouvez jouer une valse?[18]

FRANCOIS
Bien sûr!

BENOÎT
Marie-Anne. Dansons.

MARIE-ANNE
Maintenant? Ici?

BENOÎT
Pourquoi pas?[19] Nous avons de la musique. Dansons!

MARIE-ANNE
D'accord, d'accord. (Ils se lèvent et s'approchent du pianiste).[20] Vraiment, vous êtes très étrange.

BENOÎT
Pas étrange. Différent.

MARIE-ANNE
Oui, oui... Différent. (Elle rit)

BENOÎT
Vous dansez très bien.

MARIE-ANNE
Vous aussi. Vous chantez bien, vous jouez bien, vous dansez bien.

BENOÎT
Hmmm, Marie-Anne. Je pense que je vous aime bien.[21]

MARIE-ANNE
Ah oui? Eh bien... Merci. Et. Oh. C'est très étrange. Mais, mais...je pense que je vous aime bien aussi.[22]

BENOÎT
Merci. Alors,[23] nous sommes amis.[24]

MARIE-ANNE
Oui, nous sommes amis.

BENOÎT
Très bien.

MARIE-ANNE
Très bien.

BENOÎT
Mais,[25]

MARIE-ANNE
Oui, oui. Je sais. Vous ne pouvez pas'embrasser[26]. (Exaspérée)[27]

BENOÎT
(Il rit). Oui, c'est impossible.

MARIE-ANNE
Maintenant, vous êtes étrange, à nouveau[28]. Je ne veux pas vous embrasser![29]

BENOÎT
Vraiment. Moi, je veux vous embrasser.[30]

MARIE-ANNE
(En colère[31]). Vous êtes exaspérant et frustrant![32] Et compliqué! Vous êtes un homme compliqué!

BENOÎT
Désolé. Je suis désolé, Marie-Anne. Mon amie. Je vais vous expliquer maintenant.[33]

BENOÎT
Euh... Est-ce que vous habitez dans une maison ou un appartement?[34]

MARIE-ANNE
Eh bien, j'habite dans une maison.

BENOÎT
Une grande maison, je pense.

MARIE-ANNE
Peut-être, oui.[35] Une grande maison. Mais pourquoi...?

BENOÎT
Je suis sérieux[36] maintenant. C'est une question sérieuse.

MARIE-ANNE
Bien. Continuez.

BENOÎT
Et dans la maison, vous avez beaucoup de salles de bain.[37]

MARIE-ANNE
Oui.

BENOÎT
Combien?[38]

MARIE-ANNE
Je ne sais pas exactement.

BENOÎT
Vous ne savez pas?

MARIE-ANNE
D'accord. Un moment. Ok. J'ai huit[39] salles de bain.

BENOÎT
Ok. Et dans les salles de bain, vous avez des miroirs.[40] Oui?

MARIE-ANNE
Bien sûr![41]

BENOÎT
De très bon miroirs.[42] Oui?

MARIE-ANNE
Oui. Très bons.

BENOÎT
Et sur chaque miroir, il y a un nom.[43]

MARIE-ANNE
Euh, peut-être.[44]

BENOÎT
Réfléchissez.[45] Le fabriquant de miroirs a un nom très célèbre.[46]

MARIE-ANNE
Oui, c'est vrai.

BENOÎT
Quel est le nom sur le miroir?[47]

MARIE-ANNE
Laurent. C'est Laurent, le nom sur les miroirs.

BENOÎT
Oui.

MARIE-ANNE
Le plus célèbre fabriquant de miroirs en Europe.[48]

BENOÎT
Oui. Charles Laurent, exactement. (Pause) Mon père.

MARIE-ANNE
Charles Laruent? LE Charles Laurent?

BENOÎT
Oui

MARIE-ANNE
Il est. Il est... très, très...

BENOÎT
Riche. Oui. Charles Laurent est très très riche.

MARIE-ANNE
Votre père est Charles Laurent?

BENOÎT
Oui.

MARIE-ANNE
Où[49] est votre père?

BENOÎT
Je ne sais pas exactement. Amsterdam, je crois.[50]

MARIE-ANNE
Vous ne savez pas.

BENOÎT
Non, mon père et moi, nous ne parlons pas.[51]

MARIE-ANNE
Pourquoi?

BENOÎT
C'est difficile à expliquer.

MARIE-ANNE
S'il vous plaît.

BENOÎT
(Soupirs) Mon père aime l'argent.[52] Il aime le travail.[53] Le travail, le travail. Ma mère est morte. Mais pour mon père, ce n'est pas important.

(Tristesse et amertume).[54] Ce n'est pas important. Pour mon père, l'argent. Seulement[55] l'argent. L'argent! Le travail, le travail. Seulement l'argent est important.

BENOÎT
Quelquefois,[56] je téléphone à mon père. Je lui dis "allons diner."[57]

MARIE-ANNE
Qu'est-ce qu'il dit?

BENOÎT
Il dit qu'il est occupé.[58] Il doit travailler.[59]

MARIE-ANNE
Je suis désolée.[60]

BENOÎT
Moi aussi.

MARIE-ANNE
Je comprends, Benoît. C'était la même chose pour mon père.[61] Il est mort, et je ne sais pas qui il était.[62]

BENOÎT
Donc, vous comprenez. Vous comprenez. Je ne serai plus jamais riche.[63] Je ne veux pas plus d'argent que ce dont j'ai besoin.[64]

MARIE-ANNE
Vous ne voulez pas pas plus d'argent que ce dont vous avez besoin.[65]

BENOÎT   —

Exactement. Je ne veux pas plus d'argent que ce dont[66] j'ai besoin. Et donc…[67]

MARIE-ANNE
Et donc, je suis riche. J'ai plus d'argent que ce dont j'ai besoin.

BENOÎT
Oui.

MARIE-ANNE
Et donc…

BENOÎT   —
Est-ce que vous pouvez vivre dans un appartement?[68] Et pas dans une maison luxueuse?[69] Sans[70] beaucoup d'argent. Est-ce que vous pouvez vivre comme une personne normale?[71]

MARIE-ANNE
(Longue pause). Non, non. C'est vrai. Je ne peux pas. C'est impossible pour moi.

BENOÎT
Donc vous comprenez. Vous et moi, nous sommes trop différents.[72]

MARIE-ANNE
Oui. Vous et moi, nous sommes trop différents.

BENOÎT
Et donc. Je ne peux pas vous embrasser. Parce que si je vous embrasse, je vais être amoureux de vous.[73]

Part IV Questions

Répondez aux questions. Oui, Non, Je ne sais pas.

1. **Est-ce que Benoît comprend Marie-Anne?**

2. **Est-ce que la grand-mère et le grand-père de Marie-Anne sont morts?**

3. **Est-ce que la mère et le père de Marie-Anne sont morts aussi?**

4. **Est-ce que Marie-Anne est gentille?**

5. **Est-ce que Benoît pense que Marie-Anne chante très bien?**

6. **Est-ce que Marie-Anne chante comme un oiseau?**

7. **Est-ce qu'un poulet est un oiseau?**

8. **Est-ce qu'un canard est un oiseau?**

9. **Est-ce que c'est l'histoire d'un homme, une femme et un chien?**

10. **Est-ce que c'est l'histoire d'un homme, une femme et un poulet?**[74]

PLUS

Un plus un égale deux. Mais « plus » signifie aussi « more ». Trois moins un égale deux. Mais « moins » signifie aussi « less ». Plus ou Moins. More or less. L'éléphant est plus gros que le poulet. « plus gros » is "bigger than."

Répondez par « oui » ou « non ».

1. **Est-ce que l'éléphant est plus gros que le poulet?**

2. **Est-ce que l'éléphant est plus gros que le tigre?**

3. **Est-ce que le tigre est plus gros que le poulet?**

4. **Est-ce que le hamster est plus gros que l'éléphant?**

5. **Est-ce que le léopard est plus gros que l'hippopotame?**

6. **Est-ce que le lézard est plus petit que le léopard?**

7. **Est-ce que la girafe est plus petite que le lézard?**

8. **Est-ce que la giraffe est plus grosse que le tigre?**

9. **Est-ce que le lion est plus petit que l'éléphant?**

10. **Est-ce que l'éléphant est plus petit que le hamster?**[75]

LE REPORTER

Imaginez que vous êtes Marie-Anne et un reporter vous pose des questions. Répondez par « oui » ou « non ».

1. **Est-ce que vous êtes allés au restaurant?**

2. **Est-ce que vous avez mangé du bœuf?**

3. **Est-ce que vous avez mangé du poulet?**

4. **Est-ce que Benoît est arrivé en retard?**

5. **Est-ce que Benoît a mangé du poulet?**

6. **Est-ce que vous avez joué du violon?**

7. **Est-ce que Benoît a joué du violon?**

8. **Est-ce que vous avez bu du vin?**

9. **Est-ce que vous avez dansé avec François?**

10. **Est-ce que vous avez dansé avec Benoît?**

11. **Est-ce que vous avez chanté?**[76]

Part V
La négociation

Bonjour! Comment allez-vous? Je m'appelle Marie-Anne. Je suis une femme. J'habite à Paris. Je n'ai pas de chien. Mais j'ai un hôtel. L'hôtel s'appelle "Hôtel Cartier." Et je suis riche. Oui, très riche.

C'est bien, oui? Mais non. (Sarcastique) Ce n'est pas bien. Aujourd'hui, c'est un problème. Je n'ai pas de problème avec l'argent.

Mais il y a un homme. Il s'appelle Benoît Laurent. Et Benoît a un problème avec l'argent. Il a un problème avec mon argent, plus particulièrement.[77] Mais, il est musicien. Il joue du violon. Il a un chien. Et le chien s'appelle André. Et il est vraiment charmant.[78] Pas le chien... Monsieur Benoît Laurent, il est charmant. Oui, bon... Le chien est charmant aussi. Mais Benoît est un peu bizarre.[79] Juste un peu. Non, en fait, il est très bizarre.

Trop bizarre. Il m'aime[80], mais il n'aime pas mon argent. J'aime[81] Benoît, mais j'aime aussi mon argent! C'est impossible. Impossible. Okay. Okay. Je m'appelle Marie-Anne, et voilà mon histoire.

(Dans le bureau[82] de l'Hôtel Cartier)

JULIE

Allô, ici[83] l'Hôtel Cartier, le bureau de Mme Cartier. C'est Julie Thomas. Oui. Oui. Juste une minute. (Elle entre dans le bureau de Marie-Anne)[84] Mme Cartier?

MARIE-ANNE

Oui, Julie.

JULIE

Votre directrice interne,[85] Mme Beauchamp, est au téléphone. Elle a deux[86] questions.

MARIE-ANNE

Oui. Quelles sont les questions?

JULIE

Est-ce que vous voulez acheter de nouveaux lits?[87]

MARIE-ANNE

Euh. Oui.

JULIE

Okay. Combien de lits[88] est-ce que vous voulez acheter?

MARIE-ANNE

J'ai besoin de[89] neuf[90] lits.

JULIE

D'accord. Et aussi, est-ce que vous voulez acheter des tables?

MARIE-ANNE

Oui, oui. Je veux vraiment[91] acheter des tables.

JULIE

Ok. Combien de tables est-ce que vous voulez acheter?

MARIE-ANNE
J'ai besoin d'environ vingt[92] tables.

JULIE
D'accord. C'est beaucoup. Est-ce que vous voulez acheter les grandes tables ou les petites?

MARIE-ANNE
Et bien... Je pense que j'ai besoin de quinze grandes tables et cinq petites tables.[93]

JULIE
D'accord. Je vais le lui dire.

(Elle retourne à son bureau) Mme Beauchamp? Okay. Mme Cartier voudrait acheter neuf lits et vingt tables. Elle voudrait acheter quinze grandes tables et cinq petites tables. D'accord. Très bien. Merci.

(Elle raccroche le téléphone, et il sonne encore)[94] Allô, Hôtel Cartier. Ici le Bureau de Mme Cartier. Un moment, s'il vous plaît. (à Marie-Anne) Mme Cartier, il y a un homme au téléphone.

MARIE-ANNE
(De l'autre salle) Qui est-ce?

JULIE
Excusez-moi. Comment vous appelez-vous?

(Elle répond) C'est Benoît Laurent.

MARIE-ANNE
Je suis occupée. [95]

JULIE
Je suis désolée, Monsieur. Elle est occupée. Oui. Je comprends. Je comprends. Je ne sais pas. Je ne sais pas. Un moment. (à Marie-Anne) Mme Cartier?

MARIE-ANNE
Oui.

JULIE
Il insiste.

MARIE-ANNE
Il peut insister. Il peut insister. Mais je suis occupée!

JULIE
Je suis désolée, Monsieur Laurent. Elle est occupée. (Elle raccroche[96]). (à Marie-Anne) Il y a un problème?[97]

MARIE-ANNE
S'il y a un problème? Le problème? Il est fou.[98] Et maintenant, je suis folle[99] aussi.

JULIE
Oh. Oh. Ohhhhhh. Mme Cartier. Folle? Formidable...[100]

MARIE-ANNE
Comment?

JULIE
C'est l'amour. L'amour. Vous l'aimez.[101] (Elle la rejoint dans le bureau).

MARIE-ANNE
Comment? (Exaspéré) Et maintenant, vous êtes folle, vous aussi.

JULIE
Est-ce qu'il est beau?[102]

MARIE-ANNE
Eh bien... (hésitante) oui, mais ça, ce n'est pas le problème.[103]

JULIE
Est-ce qu'il est charmant?

MARIE-ANNE
Oh, oui. Ce n'est pas le problème.

JULIE
Est-ce qu'il est riche?

MARIE-ANNE
C'est ça le problème! Son père est très riche. Mais Benoît n'aime pas l'argent. Et il n'aime pas mon argent.

JULIE
Oh, ça, c'est un problème.

MARIE-ANNE
Oui. Il dit que nous devons vivre dans son appartement, si je l'épouse.[104]

JULIE
Vous épouser! Il veut vous épouser!

MARIE-ANNE
Non. Il ne veut pas m'épouser. Je pense. Bon. Je pense que oui, il veut m'épouser. Mais pas mon argent.

JULIE
D'accord. Je comprends. (Un peu sarcastique). Il est beau. Il est charmant. Et il ne veut pas votre argent.

MARIE-ANNE
Oui. C'est ça.

JULIE
Quel homme détestable!

MARIE-ANNE
Eh bien...

JULIE
Abominable. Horrible!

MARIE-ANNE
Je ne peux pas. Je ne peux pas!

(elle chante) Je ne peux pas, moi. Non, je ne peux pas. Je ne peux pas l'épouser.

JULIE (elle chante)
Vous ne pouvez pas. Non, vous ne pouvez pas. Vous ne pouvez pas l'épouser.

MARIE-ANNE
Julie, attendez!

(Un moment de silence.)

MARIE-ANNE
Julie

JULIE
Oui

MARIE-ANNE
Depuis combien de temps est-ce que nous travaillons ensemble?[105]

JULIE
Depuis cinq ans,[106] Madame.

MARIE-ANNE
Cinq ans. Bon, eh bien je pense que nous sommes amies.[107] S'il te plaît, dis-moi "tu."[108]

JULIE
Si vous insistez, Mme Cartier.

MARIE-ANNE
J'insiste. Nous sommes amies.

JULIE
Okay.

(Elles chantent une chanson ensemble)

MARIE-ANNE
"Je ne peux pas, moi. Non, je ne peux pas. Je ne peux pas l'épouser."

JULIE
"Tu ne peux pas, toi. Non, tu ne peux pas. Tu ne peux pas l'épouser."

(Applaudissements venant d'une seule personne.[109])

BENOÎT
Bravo. Bravo! (Il continue à applaudir)

JULIE
Oh... Monsieur Laurent, je suppose.

BENOÎT
Enchanté de faire votre connaissance,[110] Julie! Enchanté!

MARIE-ANNE
Benoît. Quelle... euh... quelle surprise!

JULIE
Enchantée! C'est vrai... Vous êtes très beau!

MARIE-ANNE
Julie!

BENOÎT
Marie-Anne. Je sais que vous êtes occupée.

MARIE-ANNE
Occupée? Oh, oui. Oui. Très occupée... aujourd'hui.[111]

JULIE
Euh. Moi aussi. Je suis très occupée (elle part et ferme la porte[112])
.

BENOÎT
Je voudrais vous parler.

MARIE-ANNE
Je voudrais vous parler aussi.

BENOÎT
Euh, d'abord... Je pense que nous devrions nous dire "tu."[113]

MARIE-ANNE
Euh, oui. Certainement.

BENOÎT

Donc... Je pense à vous.

MARIE-ANNE
À toi!

BENOÎT
Désolé! L'habitude[114]... Je pense à toi.

MARIE-ANNE
Vraiment?

BENOÎT
Je pense à vous le matin.[115]

MARIE-ANNE
A toi, non?

BENOÎT
Euh. Oui. Oui. Je pense à toi le matin.

MARIE-ANNE
Hein?[116]

BENOÎT
Et je pense à vous le soir, et[117]

MARIE-ANNE
(S'éclaircit la gorge)[118]

BENOÎT
Oui. Oui. Oui. (Exaspéré) Je pense à toi le matin. Je pense à toi l'après-midi.[119] Je pense à toi le soir.

MARIE-ANNE
Tu penses beaucoup!

BENOÎT
À toi!

MARIE-ANNE
Moi?

BENOÎT
Oui.

MARIE-ANNE
Eh bien... Je pense à toi aussi.

BENOÎT
Tu sais, un appartement, c'est très confortable![120]

MARIE-ANNE
Je crois... Je crois... Je ne sais pas. (Elle prend les choses en main)[121]

Il faut qu'on parle.[122]

BENOÎT
Oui.

MARIE-ANNE
Assieds-toi![123]

BENOÎT
Oui, oui. D'accord.

MARIE-ANNE
Ok. Je dois habiter dans ton appartement, n'est-ce pas?[124] (Elle lui parle comme une femme d'affaires en train de conclure une grosse affaire)[125]

BENOÎT
Oui. C'est ça.

MARIE-ANNE
Combien de chambres[126] est-ce qu'il y a dans ton appartement?

BENOÎT
Combien de chambres?

MARIE-ANNE
Combien de chambres!

BENOÎT
Euh. Une.

MARIE-ANNE
Une?!!

BENOÎT
Oui. Une

MARIE-ANNE
C'est une blague,[127] n'est-ce pas?

BENOÎT
Une chambre très petite, mais très agréable.[128]

MARIE-ANNE
Très bien. Et... Où habite mon chauffeur?[129]

BENOÎT
Un chauffeur?

MARIE-ANNE
Oui. Mon CHAUFFEUR... Enfin[130]... notre chauffeur.

BENOÎT
Je suis désolé, Marie-Anne. Nous n'avons pas besoin d'un chauffeur.

MARIE-ANNE
Pas de chauffeur. C'est une blague, non?

BENOÎT
Ce n'est pas une blague.

MARIE-ANNE
Mais c'est impossible. Qui est-ce qui va conduire ma limousine?[131]

BENOÎT
Une limousine? Marie-Anne. Nous n'avons pas besoin d'une limousine.

MARIE-ANNE
Pas de limousine? Comment est-ce que je vais à l'hôtel?

BENOÎT
C'est facile. En taxi, en bus...

MARIE-ANNE
En taxi... En bus... (elle pèse chaque mot[132]). Ok. Mais une chambre? Où est-ce que le cuisinier[133] va habiter?

BENOÎT
Marie-Anne....

MARIE-ANNE
C'est une blague. Non! NO!! NON!!!

BENOÎT
Euh, ma chère Marie-Anne. Nous n'avons pas besoin d'un cuisinier.

MARIE-ANNE
Pas de cuisinier? Mais qui est-ce qui va faire la cuisine?[134]

BENOÎT
Je vais faire la cuisine. Et... tu vas faire la cuisine.

MARIE-ANNE
Moi? Faire la cuisine. Dans la cuisine?[135]

BENOÎT
La cuisine, oui. Normalement, on fait la cuisine dans la cuisine.[136] (Il rit)

MARIE-ANNE
Oh. Je dois réfléchir. J'ai besoin de réfléchir.

BENOÎT
Bien sûr, bien sûr.

MARIE-ANNE
Ok. Ok. (Elle commence à se plaindre[137]). Et où est-ce que ma femme de chambre[138] va dormir?

BENOÎT
Marie-Anne. Marie-Anne...

MARIE-ANNE
Non. Impossible. Impossible. (Elle se plaint). J'ai besoin d'une femme de chambre!
J'ai absolument besoin d'une femme de chambre!

BENOÎT
Marie-Anne, je n'ai pas l'argent pour une femme de chambre.

MARIE-ANNE
Mais j'ai beaucoup beaucoup... (pause). Oh... mon argent.

BENOÎT
Si nous utilisons votre argent, nous sommes riches. Je ne peux pas être riche. Je ne
peux pas avoir plus d'argent que...

MARIE-ANNE
Je sais. Je sais. Que nécessaire.[139] Oh. C'est difficile. C'est trop difficile!

BENOÎT
Je sais que c'est difficile. J'ai une idée. Faisons un compromis.[140]

MARIE-ANNE
Quel est le compromis?

BENOÎT
Pourquoi pas un an?[141] Tu habites dans mon appartement pendant un an.[142] Pas de
cuisinier. Pas de chauffeur. Pas de limousine. Pas de femme de chambre.

MARIE-ANNE
Pas de femme de chambre? Pas une?

BENOÎT
Pas une. Et après un an, si tu n'aimes pas ça[143]... J'habiterai....[144]

MARIE-ANNE
Dans ma maison.

BENOÎT
Oui.

MARIE-ANNE
Eh bien... Un an. Je ne sais pas. Peut-être.

BENOÎT
Ah, c'est bien, peut-être! C'est excellent, peut-être!

MARIE-ANNE
Oui, c'est bien, peut-être. C'est excellent, peut-être. J'adore le mot "peut-être."

BENOÎT
Mais "peut-être", ça veut dire qu'on s'embrasse.

MARIE-ANNE
Oh. On s'embrasse, maintenant? [145] Mais à quoi est-ce que vous pensez? [146] Oh, j'ai beaucoup de chance. [147] Bravo. Oh merci. Merci monsieur!

BENOÎT
Shhhh. Je vais t'embrasser maintenant.

MARIE-ANNE
Oh. Oh... Attends! [148] Attends!

BENOÎT
Quoi?

MARIE-ANNE
Je ne sais pas.

BENOÎT
Est-ce que tu as peur [149]?

MARIE-ANNE
Je ne sais pas. Peut-être. Est-ce que tu as peur?

BENOÎT

Non. Je n'ai pas peur.

MARIE-ANNE
D'accord. Alors (elle inspire profondément) je n'ai pas peur non plus.

BENOÎT
Ok. Je vais t'embrasser.

MARIE-ANNE
Ok. Embrasse-moi.

BENOÎT
Je vais t'embrasser.

MARIE-ANNE
Tu es tellement bizarre! Est-ce que tu vas m'embrasser ou est-ce que tu...

(interrompue par un long baiser)

Oui, c'est bien, peut-être. C'est excellent, peut-être. J'adore le mot "peut-être." Mais je préfère l'autre mot, "oui."

BENOÎT
"Oui, c'est bien, peut-être. C'est excellent, peut-être. Mais, moi aussi Marie-Anne, je préfère le mot, "oui."

Part V Questions

Réponds aux questions par VRAI ou FAUX.

1. **Julie répond au téléphone.**

2. **Marie-Anne répond au téléphone.**

3. **Benoît répond au téléphone.**

4. **Julie répond au téléphone dans le bureau de Marie-Anne**

5. **Julie est l'assistante de Marie-Anne.**

6. **Ms. Beauchamp est au téléphone.**

7. **André est au téléphone.**

8. **Ms. Beauchamp a dix questions.**

9. **Ms Beauchamp a cinq questions.**

10. **Ms Beauchamp a deux questions.** 150

LE REPORTER

Imagine que tu es Marie-Anne. Le reporter te pose des questions.

1. **Est-ce que Benoît est venu à votre bureau?**

2. **Est-ce que c'était une surprise?**

3. **Est-ce qu'André est venu à votre bureau?**

4. **Qui a dit "C'est vrai. Vous êtes très beau ».**

5. **Est-ce que Benoît pense à vous le matin?**

5. **Est-ce qu'André pense à vous le matin?**

7. **Est-ce que Benoît pense à vous le soir?**

8. **Qui pense beaucoup à vous?**

9. **Est-ce que l'appartement de Benoît est grand?**

10. **Combien de chambres est-ce qu'il y a dans l'appartement de Benoît?**[151]

Réponds aux questions. Essaye de faire des phrases complètes.

1. **Il y a trois éléphants et deux lions. Est-ce que j'ai peur?**

2. **Il y a un gros lion. Est-ce que j'ai peur?**

3. **Il y a deux petits chats. Est-ce que j'ai peur ?**

4. **Il y a trois hamsters. Est-ce que j'ai peur ?**

5. **Il y a une grande girafe dans ma maison. Est-ce que j'ai peur?**

6. **Raymond voudrait mon diamant. Est-ce que j'ai peur?**

7. **André voudrait m'embrasser. Est-ce que j'ai peur?**

8. **Raymond voudrait m'embrasser. Est-ce que j'ai peur?**[152]

Part VI
Le Mariage

Moi, Benoît Laurent, te prends[153], Marie-Anne Cartier, pour épouse[154],
Dans la richesse[155] et la pauvreté[156]
Dans la santé [157]et dans la maladie[158]
Pour t'aimer et te chérir
Jusqu'à[159] ce que la mort nous sépare.[160]

Moi, Marie-Anne Cartier, je te prends, Benoît Laurent,
Pour époux
Dans la richesse et la pauvreté
Dans la santé et dans la maladie
Jusqu'à ce que la mort nous sépare.

(Dans l'appartement - beaucoup plus tard) BENOÎT

André. André. Il est tôt.[161]

MARIE-ANNE
Viens ici, André. Tu es un bon chien (André halète de bonheur)

BENOÎT
Bonjour Madame Laurent, ma femme.

MARIE-ANNE
Bonjour, Monsieur Laurent, Mon mari![162]

BENOÎT
J'ai faim.[163]

MARIE-ANNE
Moi aussi.

BENOÎT
Je vais préparer le petit déjeuner.[164]

MARIE-ANNE
Non, je vais préparer le petit déjeuner.

(André couine)

BENOÎT
Euuuh. Je ne pense pas. Ce n'est pas nécessaire. Pas encore.

MARIE-ANNE
Et pourquoi pas?

BENOÎT
Est-ce que tu sais[165] préparer le petit déjeuner?

MARIE-ANNE
Je peux apprendre. Je pense que ce n'est pas difficile.

BENOÎT
D'accord. Quelque chose de facile,[166] peut-être. Peut-être des tartines.[167] Et du café.

MARIE-ANNE
Des tartines et du café. C'est facile!

BENOÎT
OK. Allons à la cuisine.[168]

MARIE-ANNE
Très bien. Allons-y! (André aboie et court vers la cuisine[169])

BENOÎT
Voilà la cuisine.

MARIE-ANNE
Très bien. Et qu'est-ce que c'est ça?[170]

BENOÎT
Euh... ça, c'est le four.[171]

MARIE-ANNE
Le four? C'est un four.

BENOÎT
Oui. Un four.

MARIE-ANNE
Formidable! Nous avons beaucoup de fours à l'hôtel. Mais ils sont grands. Et ce four est très très petit. (Elle se met à rire). Ce n'est pas un four!

BENOÎT
Oh. (Un peu triste[172]) MARIE-ANNE

Oh.... c'est un four. Eh bien, il est bien. C'est un très bon four.

BENOÎT
Et voilà le réfrigérateur.

MARIE-ANNE
Ce n'est pas possible! Le réfrigérateur??!! Si petit, ah d'accord. Uh….Mais très bon
réfrigérateur.

BENOÎT
(Soupire bruyamment).[173] Et dans le réfrigérateur, nous avons... Voilà!

MARIE-ANNE
Ah oui. Le lait.[174]

BENOÎT
Voilà.

MARIE-ANNE
Et le beurre?[175]

BENOÎT
Il est ici.

MARIE-ANNE
Où est le café?

BENOÎT
Il est ici. Et le pain est là.[176]

MARIE-ANNE
Ok. Maintenant, je peux faire du café et des tartines.

BENOÎT
Vraiment? Est-ce que tu as besoin d'autre chose?

MARIE-ANNE
Non. Pas de problème. C'est facile.

BENOÎT
Peut-être que tu as besoin d'un...

MARIE-ANNE
Oui?

BENOÎT
D'un grille-pain?[177]

MARIE-ANNE
Oui. Oui. Bien sûr. Où est le grille-pain?

BENOÎT
Il est sous[178] le four. Voilà le grille-pain.

MARIE-ANNE
OH. C'est aussi un très bon grille-pain.

BENOÎT
Est-ce que "bon" signifie "petit?"[179]

MARIE-ANNE
Tu comprends très bien.

BENOÎT
(Il rit). Ok. Autre chose?

MARIE-ANNE (O.S.)
Non, va prendre ta douche.[180] Moi, je vais préparer le petit déjeuner.

BENOÎT
Tu es sûre?

MARIE-ANNE
Oui. Oui. Va prendre ta douche. Je pense que je peux le faire.

BENOÎT
Tu penses?

MARIE-ANNE
Je peux. Je peux. Va prendre ta douche.

BENOÎT
D'accord. D'accord.

(Benoît prend sa douche, mais il entend quelque chose tomber[181])
BENOÎT

(Appelant[182]) Tout va bien?

MARIE-ANNE
(De la cuinse) Oui! Tout va bien.

BENOÎT
Tu es sûre?[183]

MARIE-ANNE
Je suis sûre

(Benoît continue à chanter)

(Il y a un fracas[184] dans la cuisine) BENOÎT

(Benoît a du savon dans les yeux) Tout va bien...?

MARIE-ANNE
Euh. Oui. Ça va. Chuut[185] André.

BENOÎT
J'ai fini ma douche. (Commence à sortir de la douche) MARIE-ANNE

Non, non! N'arrête pas![186] Continue, continue!

BENOÎT
Tu es sûre?

MARIE-ANNE
Oui, tout va bien.

BENOÎT
Ok. Je dois finir maintenant.

MARIE-ANNE
Non. Non. Continue. Continue. N'arrête pas!

BENOÎT
Euh. Oh. Très bien. Ok. (Il rallume l'eau[187]) BENOÎT

J'arrive.[188]

MARIE-ANNE
(Insistante) Non. Je vais bien.
(Presque en colère)[189] Continue
ta douche!

BENOÎT
Je dois vraiment vraiment finir
maintenant.

MARIE-ANNE
Oh, ...okay. Tu peux venir
maintenant.

(Il va à la cuisine)

BENOÎT
Je suis là.[190]

MARIE-ANNE
Voilà ton petit déjeuner!

BENOÎTE
Oh. Euh... Qu'est-ce que c'est?

MARIE-ANNE   (Un
peu blessée[191]) C'est ta tartine.
 BENOÎT
Oh, oui. Bien. .... Très belle
tartine. .... Euh. Juste une tartine?

MARIE-ANNE

J'ai eu un petit problème avec l'autre tartine...

BENOÎT
Je comprends. Et là,[192] c'est le café?

MARIE-ANNE
Oui. Il est un peu noir.

BENOÎT
(Il boit un peu) Oui. Oui. Très noir? Où est le beurre?

MARIE-ANNE
J'ai eu un petit problème avec le beurre aussi. Ok. Mangeons![193]

BENOÎT
Manger. Oui. Je vais manger la tartine et boire le café.

MARIE-ANNE
Comment est la tartine?

BENOÎT
Oh. Oh... Elle est un peu différente.

MARIE-ANNE
Est-ce qu'elle est brûlée?[194]

BENOÎT
Non. Non. Juste un peu. Juste un peu.

MARIE-ANNE
Non. C'est terrible! Je ne sais pas faire la cuisine. (Désespérée). Donne la tartine à André. André? Est-ce que tu veux la tartine?

(Benoît propose[195] la tartine à

André--André grogne[196] en colère[197])—

—

BENOÎT
André. Mauvais chien. Tst. Tst, tst!

(à Marie-Anne)

C'est une très bonne tartine. Je vais manger la tartine. (Hmm… Miam miam!) Et le café, il est vraiment délicieux.

(Ce soir-là[198]) BENOÎT (Vient à la porte) Bonsoir, ma chérie! (André aboie). Et bonsoir André. (André est heureux) MARIE-ANNE (Elle a l'air triste[199]) Bonsoir.

BENOÎT
Embrasse-moi ma chérie. (Baiser) Oh. Il fait froid dans l'appartement.

MARIE-ANNE
Oh. Je vais fermer la fenêtre.

BENOÎT
Et sombre.[200] C'est un peu sombre. Je vais allumer la lumière.[201]

MARIE-ANNE
On ne peux pas.[202]

BENOÎT
Pourquoi?

MARIE-ANNE
Je ne sais pas.

BENOÎT
Oh. Peut-être que c'est la boîte à fusible.

MARIE-ANNE
Où est la boîte?[203]

BENOÎT
Elle est dans la cuisine. (Ils vont à la cuisine) MARIE-ANNE

Est-ce que c'est la boîte à fusible?

BENOÎT
Oui. Juste un moment. Un moment. Je vais...(il remonte l'interrupteur)[204] Voilà! Oh, ma chérie. Qu'est-ce qui ne va pas?

MARIE-ANNE
Je suis allée à l'hôtel. Je n'ai pas eu de problème avec le taxi. Je suis rentrée à la maison. Je n'ai pas eu de problème avec le bus.

BENOÎT
C'est bien!

MARIE-ANNE

Mais j'ai un problème pour faire le ménage de l'appartement.

BENOÎT
Je suis désolé, mon amour. Quel est ton problème?

MARIE-ANNE
Oh, rien.

BENOÎT
Non. Quel est ton problème?

MARIE-ANNE
Je suis fatiguée. Juste fatiguée.

BENOÎT
Quoi d'autre?

MARIE-ANNE
Eh bien... ça!

BENOÎT
Euh...un balai?[205]

MARIE-ANNE
Oui. Un balai. C'est très inefficace.[206]

BENOÎT
Je suis désolé. Je vais faire le ménage de l'appartement aujourd'hui.

MARIE-ANNE
Non! Je veux faire le ménage de l'appartement![207]

BENOÎT
Ok. Mais j'ai quelque chose de plus efficace.[208] Voilà!

MARIE-ANNE
Oh. C'est un...

BENOÎT
Un aspirateur!

MARIE-ANNE
Très intéressant! Ok. Bon. Bien.
Je vais essayer MARIE-ANNE

Est-ce que tu as un concert
demain? (Elle parle par-dessus le
son de l'aspirateur[209]) BENOÎT

Oui. Je joue à La Note Bleue.

MARIE-ANNE
A quelle heure?

BENOÎT
Je joue à sept heures du soir. Est-
ce que tu peux venir avec moi?

MARIE-ANNE
Non, je suis désolée. J'ai un
rendez-vous[210] demain soir.

MARIE-ANNE
Il s'est arête.[211] Pourquoi?

BENOÎT
Tu l'as débranché.[212]

MARIE-ANNE
Tu penses que je suis stupide, n'est-ce pas?

BENOÎT
Euh, non ma chérie. Pourquoi...

MARIE-ANNE
Je suis directrice d'un hôtel. À l'hôtel, j'ai des femmes de chambre, et des cuisiniers,
et beaucoup, beaucoup de personnel.[213] Je ne suis pas stupide.

BENOÎT

Marie-Anne...

MARIE-ANNE
Cet appartement est inefficace. Le four est petit. Le balai est stupide. L'aspirateur est compliqué.

BENOÎT
Viens ici, ma chérie. Viens...

MARIE-ANNE
Je suis désolée. Désolée...

BENOÎT
Tu es très intelligente. Je sais. Je sais. Je t'aime! Je t'adore.

MARIE-ANNE
Je t'aime aussi. C'est difficile.

BENOÎT
Marie-Anne, est-ce que tu es heureuse?

MARIE-ANNE
Oui, mon amour. Je suis très heureuse. Mais ça serait mieux d'avoir une petite femme de chambre.[214]

BENOÎT
Ma chérie...

Voilà un verre de vin blanc.

MARIE-ANNE
Merci. (Bruit des verres se cognant)

BENOÎT
Dans ta maison, dans ton hôtel, tu as beaucoup de choses. Mais ici, nous avons un appartement chaleureux.

MARIE-ANNE
Oui.

BENOÎT

Et une bouteille de bon vin.

MARIE-ANNE
Oui. C'est vrai.

BENOÎT
Et tu es là avec moi.

MARIE-ANNE
Et toi, tu es là avec moi.

BENOÎT
Pour toujours.

MARIE-ANNE
Oui. C'est vraiment formidable.
Oui.

MARIE-ANNE
Mais une petite femme de
chambre...ce serait mieux! (Ils
rient tous les deux[215]) BENOÎT

Ah...ma chérie...

Part VI Questions

Réponds aux questions.

1. **Qui prend une douche?**

2. **Qui prépare le petit déjeuner?**

3. **Est-ce que la tartine est brûlée?**

4. **Est-ce que Benoît mange la tartine?**

5. **Est-ce qu'André mange la tartine?**

6. **Est-ce que Benoît boit le café?**

7. **Est-ce qu'André veut la tartine?**

8. **Est-ce qu'André est un bon chien, ce matin?**

9. **Est-ce qu'André est un mauvais chien, ce matin?**

10. **Normalement est-ce qu'André est un bon chien.**[216]

Une femme de chambre travaille dans un hôtel. Un cuisinier travaille dans une cuisine. Un chauffeur travaille dans une voiture ou une limousine. Une assistante travaille dans un bureau. Un directeur travaille aussi dans un bureau.

Réponds aux questions.

1. **Est-ce qu'une femme de chambre travaille dans un hôtel ?**

2. **Est-ce qu'un cuisinier travaille dans une cuisine?**

3. **Est-ce qu'un chauffeur travaille dans une voiture?**

4. **Est-ce qu'une assistante travaille dans un bureau?**

5. Est-ce qu'un chauffeur travaille dans une cuisine?

6. Est-ce qu'une femme de chambre travaille dans un bureau?

7. Est-ce qu'un directeur travaille dans un bureau?

8. Où travaille une femme de chambre?

9. Où travaille un cuisinier?

10. Où travaille un chauffeur?[217]

Réponds aux questions.

1. Est-ce que Benoît et Marie-Anne sont mariés?

2. Est-ce qu'André est un mauvais chien?

3. Est-ce que Marie-Anne est la femme de Benoît?

4. Est-ce que Benoît aime Marie-Anne?

5. Est-ce que Benoît a faim?

6. Est-ce que Marie-Anne va préparer le petit déjeuner?

7. Est-ce qu'André voudrait préparer le petit déjeuner?

8. Est-ce que Marie-Anne pense que le four est grand?

9. Est-ce que Marie-Anne pense que le réfrigérateur est grand?

10. Est-ce qu'il y a un grille-pain dans la cuisine?

11. Est-ce qu'on prépare du café avec un grille-pain?

12. Combien de grille-pain est-ce qu'il y a dans la cuisine?

13. Est-ce que Benoît prend une douche?

4. **Est-ce qu'une femme de chambre travaille dans un hôtel?**

5. **Est-ce qu'un cuisinier travaille dans une cuisine?[218]**

Notes

[1] The answer to the mystery [2] In fact

[3] Sighing

[4] new word

[5] bird

[6] He imitates the sound of a chicken [7] duck

[8] Others

[9] Marvelously

[10] I would like

[11] white

[12] Red

[13] How is the beef?

[14] I can not explain.

[15] Curious

[16] Of what?

[17] Yells

[18] Can you play a waltz?

[19] Why not?

[20] She gets up and goes towards the pianist.

[21] I think that I like you.

[22] Also

[23] Then….

[24] We are friends.

[25] Bus

[26] You can not kiss me.

[27] Exasperated

[28] You are strange once more.

[29] I don't want to kiss you!

[30] (as for) Me, I want to kiss you.

[31] Angry

[32] You are exasperating and complicated.

[33] I will explain to you now.

[34] Do you live in a house or an apartment?

³⁵ Perhaps, yes.

³⁶ Serious

³⁷ You have many bathrooms ³⁸ How many?

³⁹ Eight

⁴⁰ You have mirrors

⁴¹ Of course!

⁴² Very good mirrors.

⁴³ And on every mirror, there is a name.

⁴⁴ Maybe

⁴⁵ Think.

⁴⁶ The maker of the mirror is a very famous name.

⁴⁷ Name on the mirror

⁴⁸ The most famous maker of mirrors in Europe.

⁴⁹ Where

⁵⁰ believe

⁵¹ We don't talk

⁵² My father loves money ⁵³ work

⁵⁴ (Sad and bitter)

⁵⁵ only

⁵⁶ Sometimes

⁵⁷ I tell him, "lets go to dinner ⁵⁸ busy

⁵⁹ He should work

⁶⁰ I'm sorry

⁶¹ It's the same thing for my father.

⁶² He's dead, and I don't know who he was.

⁶³ I can never be rich

⁶⁴ I don't want more money than I need ⁶⁵ You don't want any more money than you need.

⁶⁶ Than what

⁶⁷ And so

⁶⁸ Can you live in an apartment?

⁶⁹ And not in a luxurious home.

⁷⁰ Withou

⁷¹ like a normal person

⁷² we are too different

[73] Because if I kiss you, I will be in love with you.

[74] 1. Oui, 2. Oui, 3. Oui, 4. Oui, 5. Oui, 6. Oui, 7. Oui, 8. Oui, 9. Oui, 10. Non [75] 1. Oui, 2. Oui, 3. Oui, 4. Non, 5. Non, 6. Oui, 7. Non, 8. Oui, 9. Oui, 10. Non [76] 1. Oui, 2. Non, 3. Oui, 4. Oui, 5. Non, 6. Non, 7. Oui, 8. Oui, 9. Non, 10. Oui, 11. Oui [77] In particular

[78] charming

[79] a little strange

[80] He likes me

[81] I like

[82] office

[83] Here is (this is)

[84] She enters the office of Madam Cartier [85] Your internal manger

[86] two

[87] want to buy new beds

[88] How many beds

[89] I need

[90] nine

[91] I really want

[92] around twenty

[93] 15 big tables and five little tables [94] She puts down the telephone, and it rings again

[95] busy

[96] hangs up

[97] Is there a problem?

[98] He is mad

[99] mad

[100] wonderful

[101] You love him

[102] handsome

[103] That…that's not the problem [104] He says we should live in his apartment, if we should marry.

[105] For how long have we worked together?

[106] For five years

[107] We are friends

[108] If you please, speak to me "tu". (Note, "tu" is the familiar form as opposed to "vous.") [109] Applause comes from a single person [110] Delighted to make your

acquaintance (Happy to meet you) [111] today

[112] She leaves and closes the door [113] I think that we should be on familiar terms (I.E. use "tu") [114] habit

[115] in the morning

[116] eh? What?

[117] In the evening, etc…

[118] Clears her throat

[119] afternoon

[120] You know, the apartment is very comfortable.

[121] She gets control of herself [122] We need to talk

[123] Sit down!

[124] We should live in an apartment, right?

[125] (She speaks like a business woman concluding a big deal) [126] How many rooms

[127] joke

[128] nice

[129] Uh…where does my chauffer live?

[130] finally

[131] Who is going to drive my limousine?

[132] She weighs every word [133] cook

[134] who will cook the food?

[135] In the kitchen?

[136] One cooks in the kitchen [137] (complain or wine) [138] maid

[139] As necessary

[140] let's compromise

[141] Why not one year

[142] for a year

[143] If you do not like it [144] I will live….

[145] We're going to kiss now [146] But what are you thinking?

[147] Oh, I'm so lucky!

[148] Wait!

[149] afriad

[150] 1. Vrai, 2. Faux, 3. Faux, 4. Vrai, 5. Vrai, 6. Vrai, 7. Faux, 8. Faux, 9. Faux, 10. Vrai [151] 1. Oui, 2. Oui, 3. Non, 4. Julie, 5. Oui, 6. Non, 7. Oui, 8. Benoit, 9. Non, 10. Une [152] 1. Oui – J'ai peur, 2. Oui – J'ai peur, 3. Non - Je n'ai pas peur, 4. Non – Je n'ai pas peur, 5. Oui - J'ai peur, 6. Oui – J'ai peur, 7. Non – Je n'ai pas peur, 8. Oui –

J'ai peur <u>153</u> Take you

<u>154</u> to marry

<u>155</u> richess

<u>156</u> poverty

<u>157</u> health

<u>158</u> sickness

<u>159</u> until

<u>160</u> death separates us <u>161</u> early

<u>162</u> my husband

<u>163</u> I'm hungry

<u>164</u> I'm going to prepare (cook) breakfast <u>165</u> how to

<u>166</u> Something easy

<u>167</u> some toast

<u>168</u> Let's go to the kitchen <u>169</u> Andre barks and runs to the kitchen <u>170</u> And what's that ?

<u>171</u> oven

<u>172</u> sad

<u>173</u> Sighs loudly

<u>174</u> milk

<u>175</u> butter

<u>176</u> And the bread is there <u>177</u> toaster

<u>178</u> under

<u>179</u> Does « good » mean « little »

<u>180</u> go take your shower <u>181</u> hears something fall <u>182</u> calls out

<u>183</u> Are you sure

<u>184</u> crash

<u>185</u> shhh

<u>186</u> Don't stop !

<u>187</u> Gets back in the water <u>188</u> I'm coming

<u>189</u> Almost angry

<u>190</u> I'm' here

<u>191</u> hurt

<u>192</u> And that

<u>193</u> Let's eat

<u>194</u> burned

<u>195</u> offers

[196] growls

[197] angry

[198] That evening

[199] She looks sad

[200] dark

[201] I will turn on the lights [202] We can'ts

[203] box

[204] He turns on the switch [205] broom

[206] inefficient

[207] I want to clean the apartment [208] something more efficient [209] over the sound of the vacuum cleaner [210] meeting

[211] It stopped

[212] You unoplugged it

[213] people

[214] But it would be better to have a little maid [215] They both laugh

[216] 1. Benoit, 2. Marie-Anne, 3. Oui, 4. Oui, 5. Non, 6. Oui, 7. Non, 8. Non, 9. Oui, 10. Oui [217] 1. Oui, 2. Oui, 3. Oui, 4. Oui, 5. Non, 6. Non, 7. Oui, 8. Un Hôtel, 9. Cuisine, 10. Dans Une Taxi [218] 1. Oui, 2. Oui, 3. Oui, 4. Oui, 5. Oui, 6. Oui, 7. Non, 8. Non, 9. Non, 10. Oui, 11. Non, 12. Une, 13. Oui, 14. Oui, 15. Oui

Part VII

La pluie[1]

(Dans l'appartement - C'est le matin)

BENOÎT

Bonjour, mon ami. Excuse-moi. Je me brosse les dents.[2] (Il crache[3])
Maintenant, je me lave les mains.[4] Il fait beau aujourd'hui.[5] Il fait beau tous les jours.[6]
Mais aujourd'hui, c'est particulier. Marie-Anne et moi, nous sommes mariés depuis six mois.[7]

Aujourd'hui, c'est notre anniversaire! Et ce soir, je l'emmène dîner au restaurant. Mais d'abord,[8] j'ai un concert. Ahhh, je me lave le visage.[9] L'eau est très bonne.[10]

Ok, André, viens ici (André jape[11]) Oui, aujourd'hui, c'est lundi.[12] Et le lundi, je brosse les dents d'André. Je brosse les dents d'André le lundi, le mercredi[13] et le vendredi.[14] (Il continue à lui brosser les dents) Tu aimes ça, n'est-ce pas, André? (André n'a pas l'air d'accord[15]) Et le samedi,[16] André prend un bain.[17] (André grogne[18])
Oui, c'est ça.[19] André n'aime pas le samedi! (Il éteint l'eau[20])
Je vais m'habiller.[21] Aujourd'hui, c'est un concert spécial, et une journée spéciale. Donc, je vais porter un costume.[22]

J'ai un costume noir,[23] un costume bleu,[24] et un costume blanc.[25] Oui, c'est différent, un costume blanc! Mais, je suis musicien. Donc, je peux porter un costume blanc. Mais aujourd'hui, c'est un jour très special. Je pense que je vais porter le costume noir. C'est un concert très particulier. (Il commence à chanter[26])

(Dans l'appartement-dans le même temps)

MARIE-ANNE

Bonjour. Comment allez-vous? Moi, je vais bien. Je vais très bien! Excusez-moi, s'il vous plaît. Je prépare le petit déjeuner. Aujourd'hui, c'est un jour particulier. Aujourd'hui, Benoît et moi, nous fêtons notre anniversaire. Nous sommes mariés depuis six mois. Et je prépare du café et des tartines. Et de la quiche aussi!

Oui, d'accord. Je ne suis pas une excellente cuisinière. Mais je suis meilleure[27] maintenant.

Est-ce que vous aimeriez visiter notre appartement? Il est petit, mais agréable. Ici, c'est la cuisine.[28]

Nous avons un salon.[29] Dans le salon, il y a une porte[30] et une fenêtre. Au nord du salon, il y a la salle à manger.[31] Il n'y a pas de fenêtre.[32] La cuisine est à l'ouest[33] de la salle à manger. Ici. Au nord[34] de la

cuisine, il y a la chambre. Il n'y a pas de fenêtre.[35] Et à l'est[36] de la chambre, nous avons une salle de bain.[37] Le soir, j'ouvre[38] la fenêtre du salon. Mais la nuit, je ferme la fenêtre.[39]

BENOÎT

Bonjour ma chérie!

MARIE-ANNE

Bonjour. Joyeux anniversaire mon chéri!

BENOÎT

Oui, mon amour. Joyeux Anniversaire. Oh, regarde André! Quel beau petit déjeuner![40] Nous avons de la quiche, des tartines et du café. Excellent. La quiche est très belle, Marie-Anne.

(Ils s'assoient et prient[41])
Mon Dieu, merci pour cette belle journée. Et merci pour cette quiche, ces tartines et ce café. Et merci beaucoup, beaucoup, pour ma belle Marie-Anne. Ma femme. Mon amour. Merci. Amen.

MARIE-ANNE
Amen! (Ils commencent à manger) Qu'est-ce que tu vas faire[42] aujourd'hui?

BENOÎT
Aujourd'hui, j'ai un concert.

MARIE-ANNE
Tu portes un beau costume.

BENOÎT
Merci.

MARIE-ANNE
Et j'aime ta cravate.[43]

BENOÎT
Merci. Est-ce que tu aimes la couleur rouge?[44]

MARIE-ANNE
Oui, c'est parfait.

BENOÎT
Et qu'est-ce que tu vas faire aujourd'hui?

MARIE-ANNE
J'ai une réunion[45] à l'hôtel.

BENOÎT
A quelle heure[46] est la réunion?

MARIE-ANNE
Elle est à quatre heures de l'après-
midi.[47]

BENOÎT
Très bien. Mon concert est à six heures
de l'après-midi. Je vais finir à sept[48]
heures.

MARIE-ANNE
Pafait. Donc nous allons dîner tous les
deux[49] ce soir.

BENOÎT
Au restaurant. A dix-neuf heures,[50]
d'accord?

MARIE-ANNE
Eh bien... j'aimerais changer mes vêtements[51] et mettre une autre robe. Peut-être à
vingt heures.[52]

BENOÎT
Très bien. Oh. Je dois partir.[53]

MARIE-ANNE
Ok. Au revoir, mon amour.

(un baiser[54])
BENOÎT

Au revoir, ma chérie! A ce soir.

MARIE-ANNE
Oui. A ce soir! (la porte se referme)

(En dehors de l'apartment[55])
RAYMOND
Marie-Anne Cartier. Je l'ai trouvée.[56]
J'ai trouvé l'appartement. La femme avec
le diamant. Marie-Anne Cartier.
Maintenant, Marie-Anne Laurent.

INT. OFFICE -- CONTINUOUS

JULIE
Bonjour. Ici l'Hôtel Cartier. Oui, Mme
Cartier a une réunion en ce moment. Elle
va bientôt[57] finir.

MARIE-ANNE
Je dois partir, Julie.

JULIE
(Toujours au téléphone). Je suis vraiment
désolée. Mme Cartier est occupée,
aujourd'hui. Demain, est-ce que ça va? Elle peut vous appeler demain?[58] Oui. Oui.
Merci. Au revoir.

MARIE-ANNE
Qui c'était?

JULIE
C'était Madame Durand. Elle voulait te parler. Elle a beaucoup insisté.

MARIE-ANNE
Oh. Je suis très en retard[59] maintenant.

JULIE
Oui. Je sais. Tu peux l'appeler demain.

MARIE-ANNE
Oh la la. Il ne fais vraiment pas beau![60]

JULIE
Je pense que tu ne peux pas prendre un taxi.

MARIE-ANNE
Si. Je peux... mais, ça va prendre longtemps.[61]

JULIE
Pas de problème. Je te conduis.[62]

MARIE-ANNE
Tu as une voiture?

JULIE
Oui. J'ai une voiture.

MARIE-ANNE
Je n'ai pas de voiture. Mon mari n'a pas de voiture. Mais mon assistante, elle a une voiture!

JULIE
C'est une très petite voiture.

MARIE-ANNE
Mais c'est une voiture. C'est une bonne voiture. Et c'est mieux[63] que pas de voiture!

JULIE

Eh bien, oui. Mais tu as Benoît.

MARIE-ANNE
Oui, c'est vrai.

JULIE
Et bien sûr, plus de cent millions d'Euros.[64]

MARIE-ANNE
(Elle rit) C'est vrai aussi. Mais je ne peux pas les utiliser.

JULIE
Comme c'est frustrant! (Elle rit)

MARIE-ANNE
Oh, non! Maintenant, nous devons vraiment partir[65] Julie.

JULIE
Ok. Allons-y. Nous allons passer par ton appartement. Et après, je te conduis au restaurant.

MARIE-ANNE
Formidable. Merci beaucoup.

JULIE
Pas de problème.

(En dehors de l'apartment-Dans le même temps)

RAYMOND
Le temps est parfait. Je vais attendre[66] ici. (On entend le chien aboyer au loin)[67] Quel chien stupide! Mais, ce n'est pas un problème. J'ai quelque chose[68] pour le chien. Une bouteille de chloroforme. Oui. Une bouteille[69] de chloroforme pour André.

MARIE-ANNE
Vite, vite[70] Julie!

JULIE
Oh, il pleut[71] beaucoup!

RAYMOND
Ouiiii... Enfin, nous allons avoir le diamant.[72] Mme Marie-Anne Cartier Laurent. Votre diamant sera à moi![73]

Part VII Questions

Réponds aux questions.

1. Est-ce que Benoît se brosse les dents?
2. Est-ce qu'il se lave les mains?
3. Est-ce que c'est un jour particulier aujourd'hui?
4. Est-ce que Benoît et Marie-Anne sont mariés depuis six mois?
5. Est-ce que c'est leur anniversaire aujourd'hui?
6. Est-ce que Benoît et Marie-Anne sont mariés depuis trois mois?
7. Est-ce que Benoît a un concert?
8. Est-ce que Benoît a une réunion à l'hôtel?
9. Ce soir, est-ce que Benoît et Marie-Anne vont aller à un concert?
10. Ce soir, est-ce que Benoît et Marie-Anne vont aller dîner?[74]

Réponds aux questions :

1. Aujourd'hui, c'est mercredi. Hier, est-ce que c'était mardi?
2. Aujourd'hui, c'est mercredi. Demain, est-ce que c'est jeudi?
3. Aujourd'hui, c'est jeudi. Hier, est-ce que c'était mercredi?
4. Aujourd'hui, c'est jeudi. Demain, est-ce que c'est vendredi?
5. Aujourd'hui, c'est vendredi. Hier, est-ce que c'était jeudi?
6. Aujourd'hui, c'est vendredi. Demain, est-ce que c'est samedi?
7. Aujourd'hui, c'est samedi. Hier, est-ce que c'était vendredi?
8. Aujourd'hui, c'est samedi. Demain, est-ce que c'est dimanche?[75]

Choix multiple.
Nous allons te poser une question, et te proposer deux solutions. Choisis la réponse appropriée A ou B.

1. Est-ce que c'est un jour particulier pour Benoît et Marie-Anne ?

    a. Non, ce n'est pas un jour particulier.
    b. Oui, c'est leur anniversaire de mariage.

2. Que fait Benoît aujourd'hui ?

a. Il a un concert.
b. Il a une réunion.

3. **Que porte Benoît aujourd'hui ?**

a. **Un costume rouge.**
b. **Un beau costume.**

4. **Que porte Benoît aussi ?**

a. **Une robe.**
b. **Une cravate.**

5. **De quelle couleur est la cravate?**

a. **La cravate est rouge.**
b. **La cravate est bleue.**

6. **Que fait Marie-Anne?**

a. **Elle a une réunion.**
b. **Elle a un concert.**

7. **A quelle heure est la réunion?**

a. **Elle est à trois heures de l'après-midi.**
b. **Elle est à quatre heures de l'après-midi.**

8. **A quelle heure est-ce que le concert de Benoît va finir ?**

a. **Il va finir à trois heures.**
b. **Il va finir à sept heures.**

9. **Qu'est-ce que Marie-Anne et Benoît vont faire ce soir ?**

a. **Ils vont aller au cinéma.**
b. **Ils vont dîner tous les deux.**

10. **Est-ce que Marie-Anne va aller directement au restaurant?**

a. **Oui, elle va aller directement au restaurant.**
b. **Non, elle va retourner à l'appartement, et puis elle va aller au restaurant.**

11. **Pourquoi est-ce que Marie-Anne va retourner à l'appartement?**

a. **Elle veut brosser les dents d'André.**

b. **Elle veut changer de vêtements.**

12. **Qui a dit: "Je l'ai trouvée"**[76]

   a. **Benoît**
   b. **Raymond.**

Part VIII

Le retour de Raymond

(Dans l'appartement ce soir)

MARIE-ANNE
Oh! Il ne fait vraiment pas beau!

JULIE
Oui. Il pleut beaucoup!

MARIE-ANNE
(André aboie beaucoup). Bonsoir, André. Qu'est-ce qui ne va pas? André, je te présente Julie. (André aboie pour dire bonjour, mais il semble distrait[77])

JULIE
Bonjour, André! (Elle le caresse). Bon chien!

MARIE-ANNE
Merci Julie de m'avoir conduite à la maison.

JULIE
Pas de problème. Ton appartement est très agréable.

MARIE-ANNE
Oui. Très petit. Mais très agréable.
(Il y a un bruit[78])

MARIE-ANNE
Qu'est-ce qui se passé?[79]

JULIE
Je ne sais pas.

MARIE-ANNE
Je vais ouvrir la fenêtre et regarder.[80] (Elle va à la fenêtre, l'ouvre pour regarder, le vent s'engouffre par la fenêtre[81])
JULIE
Oh. Ferme la fenêtre! Ferme la fenêtre!

MARIE-ANNE
Hmmm. Bon. Je vais mettre ma robe.[82] Mais d'abord, regarde ma cuisine. Elle est si petite!

MARIE-ANNE
Regarde!

JULIE
Mme Cartier, c'est une cuisine toute à fait normale!

MARIE-ANNE
Vraiment?

JULIE
Elle est plus grande que ma cuisine.

MARIE-ANNE
Vraiment?

JULIE
Oui. Vraiment

MARIE-ANNE
Et regarde ça.

JULIE

Un balai?

MARIE-ANNE
Oui. Très inefficace... (elles rient toutes
les deux)
(Elles entendent[83] un autre bruit)
MARIE-ANNE
Qu'est-ce que c'était?

JULIE
Je ne sais pas.

(Elles entendent un autre bruit)

JULIE
La fenêtre est ouverte.
Quelqu'un est en train de rentrer![84]

MARIE-ANNE
André! André! J'arrive.[85]

JULIE
Non! Arrête! Quelqu'un est dans
l'appartement.[86]

MARIE-ANNE
Qui est là? Qui est là?
J'ai une arme![87] (Fort[88])
JULIE
Tu as un balai![89]

MARIE-ANNE
Shhhh. Il ne sait pas.

JULIE
(Apeurée[90]). Il arrive![91]

(Dans la salle de concert - en même temps)
BENOÎT

Merci, Mesdames et Messieurs. J'espère[92] que vous allez aimer la prochaine chanson.[93] Je l'ai écrite[94] pour ma belle femme, Marie-Anne.

(Dans l'appartement - en même temps)
MARIE-ANNE
Shhh. Julie.

JULIE
(Elle répond à voix basse.[95]) C'est trop tard. Il sait que nous sommes ici.[96]

JULIE
Appelle la police.

MARIE-ANNE
Je ne peux pas. Mon téléphone est dans le salon. Toi, appelle la police!

JULIE
(Hésitant à parler). Mon téléphone est aussi dans le salon.

JULIE
J'ai peur.[97] Est-ce que tu as peur?

MARIE-ANNE
Non. Pas encore.[98]

JULIE
Pourquoi?
MARIE-ANNE
Je n'ai pas le temps d'avoir peur.[99]

JULIE
Mais qu'est-ce qu'on va faire? Qu'est-ce qu'on va faire?

MARIE-ANNE
J'ai une idée. Je connais[100] cet appartement, mais il ne connaît pas cet appartement.[101]

JULIE
Qu'est-ce que tu vas faire?

MARIE-ANNE
La boîte à fusibles[102] est dans la cuisine. Elle est ici.

JULIE
(Alarmée). Qu'est-ce que tu vas faire?

MARIE-ANNE
Je vais éteindre la lumière![103]
(Elle éteint les lumières[104])
JULIE
Je ne vois plus rien![105]

MARIE-ANNE
Bien. Il ne voit rien non plus.[106]

(un bruit)

JULIE
Qu'est-ce qui s'est passé?

MARIE-ANNE
Il est rentré dans une chaise.

RAYMOND
Mme Cartier?

JULIE

Il connaît ton nom.

MARIE-ANNE
Ahhh! C'est le chauffeur de taxi!

JULIE
Le chauffeur de taxi?

MARIE-ANNE
C'est Raymond!

(Dans le même temps-- à la salle de concert - Audience applaudit)
BENOÎT
Merci. Merci. Et maintenant, je dois partir. Parce qu'aujourd'hui, c'est un jour particulier. Aujourd'hui, ça fait six mois que je suis marié avec ma femme!

(Audience applaudit)

BENOÎT
Ce soir je vais au restaurant avec ma femme pour un dîner romantique. Merci beaucoup! Au revoir!

(Dans l'appartement - en même temps)
RAYMOND
Mme Cartier? Je veux le diamant.

JULIE
Le diamant?

MARIE-ANNE
Il est fou.

JULIE
Où est le diamant?

MARIE-ANNE
Il est dans la chambre.

RAYMOND
(Toujours dans la chambre, mais en s'approchant[107]) Mme Cartier. Vous avez beaucoup d'argent. Je n'ai pas d'argent. Je veux juste le diamant. (Il crie[108]) Donnez-moi le diamant! (très proche[109] maintenant)

MARIE-ANNE
L'aspirateur.[110]

JULIE
L'aspirateur??!!

MARIE-ANNE
Oui.

JULIE
Quoi?

MARIE-ANNE
Nous allons jeter[111] l'aspirateur.

JULIE
Oh non.

MARIE-ANNE
Aide-moi.[112]

JULIE
Tu es folle!

MARIE-ANNE
Un, deux...

JULIE

Trois! (Ensemble)

MARIE-ANNE
Maintenant, jette des casseroles. Jette
tout ce qu'il y a dans la cuisine.

JULIE
D'accord!
RAYMOND
Mme Cartier. Mme Cartier.

MARIE-ANNE
Ferme la porte!

RAYMOND
Mme Cartier. Soyez raisonnable![113]

MARIE-ANNE
Partez, Raymond. Partez!

RAYMOND
Je ne crois pas, non.[114] (Le téléphone
sonne). Ah, Mme Cartier. C'est votre
héros qui vous téléphone. Mais votre
héros n'est pas ici. Pas maintenant.

JULIE
(Tout bas) Qu'est-ce qu'il fait?

MARIE-ANNE
Shhh. Je ne sais pas.

(Benoit au téléphone - en même temps)
BENOÎT
Marie-Anne ne répond pas. C'est bizarre. Hmmm. Bon. Peut-être qu'elle a un
problème avec son téléphone. Ok. Bon. Je vais aller au restaurant.

(dans l'appartement – en même temps)

MARIE-ANNE
Vite! Allons dans[115] la chambre!

JULIE
Je ne vois rien.

MARIE-ANNE
Prends ma main.[116]

JULIE
D'accord.

MARIE-ANNE
Ferme la porte.

RAYMOND
Mme Cartier. Mme Cartier. Je suis fatigué. Je suis fatigué. Est-ce que vous n'êtes pas fatiguée?

JULIE
Peut-être que tu devrais lui donner le diamant.[117]

MARIE-ANNE
Non. Jamais. C'était le diamant de ma grand-mère.

JULIE
Oh. Oui. Je comprends.

MARIE-ANNE
De toute manière,[118] j'ai le balai.

JULIE
Le balai. Le balai?!?

RAYMOND

Mme Cartier. J'ai votre téléphone.

RAYMOND

J'ai aussi un couteau.[119] (Silences) Et Mme Cartier. J'ai aussi votre chien. (André gémit[120])

MARIE-ANNE

Minable![121] Ne touchez pas mon chien!

RAYMOND

Trop tard. J'ai du chloroforme. Et maintenant, votre chien est en train de dormir.[122] Juste dormir. Mais j'ai un couteau, et peut-être que...

MARIE-ANNE

Ne touchez pas André!

(Au restaurant - en même temps)
SERVEUR

Est-ce que vous aimeriez un verre de vin monsieur?

BENOÎT
Non. Pas maintenant. J'attends Marie-Anne.

SERVEUR
Mais bien sûr.

BENOÎT
(Il rappelle Marie-Anne) Elle est en retard. Ce n'est pas normale. Quel est le problème, Marie-Anne?

(Dans l'appartement - en même temps)
MARIE-ANNE
Ne touchez pas à André!

RAYMOND
Il n'y a pas de problème. Pas de problème. (Le téléphone sonne). Ah. C'est encore votre héros. Donnez-moi le diamant. Ou... Je vais utiliser le couteau.

JULIE
Oh Marie-Anne.

RAYMOND
Mme Cartier. Le couteau, André ou le diamant? Quelle est votre réponse?

(Silence)

RAYMOND
D'accord. D'accord. Adieu, André.

MARIE-ANNE
Attendez! Attendez!

RAYMOND
Oui, Mme Cartier?

MARIE-ANNE

D'accord. D'accord. Je vais ouvrir la porte.

RAYMOND
D'accord.

MARIE-ANNE
Donnez-moi André, et je vais vous donner le diamant.

RAYMOND
(Il rit méchamment) Bien sûr que non. Donnez-moi le diamant, et ensuite,[123] je vais vous donner André.

MARIE-ANNE
Ok, ok. (Elle ouvre un tiroir) J'ai le diamant. (Elle ouvre la porte) Ok. Le diamant est à côté de la porte.[124]

RAYMOND
D'accord. Je le cherche. Je l'ai![125] Ah, oui. Je l'ai!

MARIE-ANNE
Et maintenant, donnez-moi André!

RAYMOND
Je l'ai. Enfin![126] J'ai le diamant.

MARIE-ANNE
Donnez-moi André.

RAYMOND
Pas encore. Plus tard, peut-être.

MARIE-ANNE
Non. Maintenant. Donnez-moi André maintenant.

RAYMOND
Pas encore.

MARIE-ANNE
(En criant)[127] Maintenant. Donnez-moi André maintenant! (Elle va dans le salon à tâtons[128]) Raymond!

JULIE
Où es-tu?

MARIE-ANNE
Shhh.

RAYMOND
Mme Cartier!

MARIE-ANNE
Ahhh!

(une lutte entre Marie-Anne et Raymond)
MARIE-ANNE
Lâche-moi! Lâche-moi!

RAYMOND
Arrêtez Mme Cartier.

MARIE-ANNE
Non !

RAYMOND
Oh! (en choc[129]) Adieu Mme Cartier. Adieu.

(Raymond s'enfuit[130])

JULIE

Les lumières. Il faut que j'allume les lumières![131] (paniquée) Où est la boîte à fusibles? Où est la boîte? Il faut que j'allume les lumières! La boîte…la boîte à fusibles…Marie-Anne! La boîte…

(On entend plusieurs sirènes qui approchent de l'appartement[132])
JULIE
Marie-Anne? Oh, Marie-Anne!! Il t'a donné un coup de couteau.[133] Tu saignes! [134] Marie-Anne! Marie-Anne!

Part VIII Questions

Le reporter Imagine que tu es Julie et un reporter te pose des questions. Réponds « Oui », « Non », ou « Je ne sais pas ».

1. **Est-ce qu'il fait beau?**
2. **Est-ce qu'il pleut beaucoup?**
3. **Est-ce que Marie-Anne a un chien?**
4. **Est-ce que le chien s'appelle Jacques?**
5. **Est-ce que le chien s'appelle André?**
6. **Quel est le problème d'André?**
7. **Est-ce que vous avez conduit Marie-Anne à son appartement?**
8. **Est-ce que Marie-Anne a fermé la fenêtre ?**
9. **Est-ce que Marie-Anne a ouvert la fenêtre ?**
10. **Est-ce que l'appartement de Marie-Anne est très grand?**[135]

TRAVAILLONS LES NOMBRES

1. **Réponds aux questions :**
2. **Est-ce que vingt est plus que dix?**
3. **Est-ce que trente est plus que vingt?**
4. **Est-ce que quarante est plus que trente?**
5. **Est-ce que trente est plus que cent ?**
6. **Est-ce que mille est plus que cent?**
7. **Est-ce que cent est plus que trente ?**
8. **Est-ce que quarante est plus que cent?**
9. **Est-ce que mille est plus qu'un million?**
10. **Est-ce qu'un million est plus que quarante?**
11. **Est-ce que trente est plus qu'un million?**[136]

Maintenant, Réponds aux questions.

1. **Qui a dit: "Je veux le diamant"**
2. **Qui est fou?**

3. Qui a dit : "il est fou!"
4. Où est le diamant?
5. Qui a beaucoup d'argent?
6. Qui veut le diamant?
7. Qui a dit: "Aide-moi, Julie?"
8. Qui a dit "Oh, non!"
9. Qui a dit: "Tu es folle!"?
10. Qui a jeté l'aspirateur?
11. Qui a dit "Mme Cartier. Mme Cartier."
12. Qui a dit: "Ferme la porte!"
13. Qui a dit "Partez, Raymond. Partez ! » ?[137]

Le reporter

Imagine que tu es Julie et un reporter te pose des questions. Ecoute la question, et donne la réponse contraire.

1. Est-ce qu'il fait beau?
2. Est-ce qu'André est un mauvais chien?
3. Est-ce que l'appartement est grand?
4. Est-ce qu'André est gros?
5. Est-ce qu'André est sauvage?
6. Est-ce que la fenêtre est fermée?
7. Est-ce que le diamant est petit?[138]

Réponds aux questions:

1. Où est Benoît?
2. Qui attend Marie-Anne?
3. Qui est-ce que Benoît attend?
4. Est-ce qu'il veut du vin?
5. Qui dit: "Elle est en retard"?
6. Qui dit: "Ne touchez pas mon chien!"
7. Qui a un couteau?
8. Est-ce que Raymond a un couteau?
9. Est-ce que Raymond a André?
10. Est-ce que Julie a le diamant?

11. Qui dit: "Donnez-moi André, et je vais vous donner le diamant"
12. Qui dit: "Donnez-moi le diamant, et je vais vous donner André"?
13. Qui ouvre la porte?
14. Est-ce que le diamant est à côté de la cuisinière?
15. Est-ce que le diamant est à côté de la table?
16. Est-ce que le diamant à côté de la porte?
17. Est-ce que Raymond a le diamant?
18. Est-ce que Raymond donne André à Marie-Anne?
19. Qui dit: "Où est la boîte à fusibles ? »
20. Qui saigne?[139]

Part IX

La fin de l'histoire

BENOÎT
Taxi! Taxi!

CHAUFFEUR
Vous allez où?

BENOÎT
(Paniqué) Conduisez-moi à l'hôpital central de Paris. C'est ma femme.

CHAUFFEUR
Oui monsieur...

(Le téléphone sonne)

BENOÎT
Julie! Comment va-t-elle?[140] (D'une voix stressée[141])
JULIE
(En pleurant[142]) Elle est au bloc opératoire.[143]

BENOÎT
J'arrive. J'arrive. Reste[144] avec elle, s'il te plaît.

JULIE
Viens vite, Benoît.

BENOÎT
Raymond est un homme diabolique![145] (Il parle avec colère[146])

JULIE

Oui. Mais il a été arrêté par la police.[147]

BENOÎT

Et André?

JULIE

André va bien. Mais viens vite!

BENOÎT

Chauffeur. S'il vous plaît. Plus vite! Plus vite!

CHAUFFEUR

Oui, monsieur! (les pneus crisser[148])

BENOÎT

Marie-Anne. Ce n'est pas mon histoire. Ce n'est pas ton histoire. C'est notre histoire, Marie-Anne. Notre histoire.

BENOÎT

(Il parle à lui-même[149]) Ce n'est pas mon histoire, Marie-Anne. Ce n'est pas ton histoire, Marie-Anne. C'est notre histoire. Tu étais la femme riche, Marie-Anne. Moi, j'étais le musicien de Paris. Tu avais la limousine, et moi, j'avais le violon. Tu étais belle. Et je suis tombé amoureux![150]

BENOÎT

Je t'aimerai toujours. Tu es pour moi, et je suis pour toi. Je t'aimerai toujours, Marie-Anne. Tu es la seule pour moi. Nous serons toujours ensemble. Toujours ensemble. Je t'aimerai toujours.

CHAUFFEUR
Voilà. Nous sommes à l'hôpital.[151]

BENOÎT
Merci. C'est combien?

CHAUFFEUR
Rien. Rien. J'espère simplement que votre femme va bien.

BENOÎT
Merci. Merci! (Les portes s'ouvrent, et il se précipite[152] à l'intérieur de l'hôpital.)
LE PERSONNEL[153]
Es-ce que je peux vous aider, monsieur?

BENOÎT
Marie-Anne Laurent. Je cherche Marie-Anne Laurent.

LE PERSONNEL
Un moment, monsieur.

BENOÎT
Je suis son mari. Elle est au bloc opératoire.

LE PERSONNEL
C'est par ici.[154]

JULIE
Benoît!

BENOÎT
Julie! Julie! (Ils se précipitent l'un vers l'autre[155])
JULIE
Oh. Raymond avait un couteau. Il voulait le diamant. Marie-Anne...

BENOÎT
Ce n'est pas important. Où est Marie-Anne?

JULIE

Ils ont fini l'opération. Elle est dans sa chambre, maintenant.

BENOÎT
Mais, comment va-t-elle?

JULIE
Je ne sais pas. Ils ne savent pas.[156] Pas encore.[157]

BENOÎT
Où est-elle, Julie?

JULIE
Chambre 105. Là-bas.

BENOÎT
Est-ce qu'elle dort?

JULIE
Oui, pour le moment.

BENOÎT
Marie-Anne.

JULIE
Je vais partir. Tu as besoin d'être seul avec Marie-Anne.

BENOÎT
Merci, Julie.

JULIE
Au revoir.

BENOÎT
Et Julie...

JULIE
Oui.

BENOÎT

Tu es une bonne amie[158] pour Marie-Anne. Merci.

JULIE

Ça va aller. Je le sais. Ça va aller.

(Il est entré dans la chambre d'hôpital)

BENOÎT

Marie-Anne. Je suis là.[159] Marie-Anne.

BENOÎT

(Commence à chanter)

J'avais peur de ton argent.[160]
J'avais peur de t'embrasser.
J'avais peur d'avoir besoin de toi,[161]
et peur de te laisser.[162] J'avais peur de te parler.
J'avais peur de t'ecouter.
J'avais peur de tomber amoureux, et peur de t'oublier.[163]
J'avais peur de moi-même,[164] et peur de toi aussi.

J'avais peur de vivre tout seul.[165]
J'avais peur de Paris…

Mais je t'aimerai toujours.[166]

Tu es pour moi, et je suis pour toi.

Et je t'aimerai toujours.

Tu es la seule pour moi,
et nous serons[167]

toujours ensemble.

Toujours ensemble.

Je t'aimerai toujours.

MARIE-ANNE
(Commence à se réveiller[168]-- léger gémissement[169])
BENOÎT
Et ce jour-là, on s'est embrassé,[170] et je savais que je t'aimais.[171] Tu es la seule pour moi, et nous serons toujours ensemble. Toujours ensemble. Je t'aimerai…

MARIE-ANNE
Benoît.

BENOÎT
Marie-Anne!

MARIE-ANNE
C'était une belle chanson.

BENOÎT
Comment vas-tu?

MARIE-ANNE
Oh. Je ne sais pas. Mais, ça va. Oui…je vais bien.

BENOÎT
Oh Marie-Anne. J'avais peur.

MARIE-ANNE
Comment va Julie?

BENOÎT
Elle va bien. Et André aussi.

MARIE-ANNE
Oh, c'est formidable. André. Je suis tellement heureuse![172]

BENOÎT
Et je suis heureux aussi. Et maintenant, je pense que c'est le moment.[173]

MARIE-ANNE
Le moment de quoi?

BENOÎT
De dire "adieu"[174] à mon appartement.

MARIE-ANNE
Adieu?

BENOÎT
Oui. Je peux aller vivre dans ta maison.[175]

MARIE-ANNE
Pourquoi?!!

BENOÎT
Parce que je veux que tu sois heureuse.

MARIE-ANNE
Tu es si[176] bizarre!

BENOÎT
Est-ce que c'est…bien?[177]

MARIE-ANNE

Non.   Ce   n'est   pas   bien.

Pourquoi?

BENOÎT
Parce que c'est plus grand, et tu peux avoir ton chauffeur, ton cuisinier, et ta femme de chambre.

MARIE-ANNE
Mais non. Tu es vraiment très bizarre! Benoît, je suis heureuse. Est-ce que tu ne le sais pas?[178] Idiot. Je suis très heureuse.

BENOÎT
Vraiment ma chérie?

MARIE-ANNE
Oui. (Elle gémit) J'adore notre petit appartement. Parce que je suis toujours près[179] de toi. Je n'ai besoin de rien d'autre.[180]

BENOÎT
Bon... Est-ce que tu es sûre?

MARIE-ANNE
Absolument!

MARIE-ANNE
Julie, André!

JULIE
Est-ce que ça va?

MARIE-ANNE
Oui. Très, très bien maintenant.

BENOÎT

(Il prend André). Viens ici mon grand. André. Maintenant, Marie-Anne est une véritable héroïne![181] (André aboie deux fois)

La fin parfaite

Notes

1 rain
2 I'm brushing my teeth (Reflexive) 3 He spits.
4 I'm washing my hands. (I myself wash the hands) 5 Today
6 Everyday
7 We are married for six months 8 But, first
9 face
10 The water is very nice 11 barks
12 Monday
13 Wedbesday
14 Friday
15 André does not seem to agree.
16 Saturday
17 takes a bath
18 growls
19 That's it.
20 He turns off the water 21 I'm going to get dressed 22 wear a suit
23 black
24 blue
25 white
26 He begins to sing
27 better
28 Here, this is the kitchen 29 living room
30 door
31 dinning room
32 window
33 to the west
34 north
35 There is no window
36 east
37 bathroom (room with a bath) 38 I open
39 But at night, I close the window.
40 What a beautiful breakfast 41 They sit and pray
42 you going to do
43 tie
44 red
45 meeting
46 What time
47 at four o'clock in the afternoon 48 seven
49 the two of us
50 Nineteen hours or 7 o'clock in the evening. (French usually use what most English speakers call Military time).
51 clothes
52 twenty hours (eight o'clock in the evening) 53 leave

<u>28</u> She goes into the living room in the dark<u>l29</u> in shock
<u>30</u> runs away
<u>31</u> I must turn on the lights<u>l32</u> we hear several sirens approaching<u>l33</u> He has stabbed you with the knife<u>l34</u>
You're bleeding
<u>35</u> 1. Non, 2. Oui, 3. Oui, 4. Non, 5. Oui, 6. Jene sais pas, 7. Oui, 8. Oui, 9. Oui, 10. Non<u>l36</u> 1. Oui, 2. Oui, 3.
Oui, 4. Non, 5. Oui, 6. Oui, 7. Non, 8. Non, 9. Oui, 10. Non<u>l37</u> 1. Raymond, 2. Raymond, 3. Julie, 4. à cote´ de
la porte, 5. Marie-Anne, 6. Raymond, 7. Marie-Anne, 8. Julie, 9. Julie, 10. Marie-Anne, 11. Raymond, 12.
Marie-Anne, 13. Marie-Anne<u>l38</u> 1. Oui, 2. Non, 3. Non, 4. Non, 5. Non, 6. Oui, 7. Non<u>l39</u> 1. Au Concert, 2.
Raymond, 3. Marie-Anne, 4. Non, 5. Benoit, 6. Marie-Anne, 7. Raymond, 8. Oui, 9. Oui, 10. Non, 11. Marie-
Anne, 12. Raymond, 13. Marie-Anne, 14. Non, 15. Non, 16. Oui, 17. Oui, 18. Non, 19. Julie, 20. Marie-Anne
<u>140</u> How is she?
<u>41</u> With a stressed voice<u>l42</u> crying
<u>43</u> operating room (surgery)<u>l44</u> stay
<u>45</u> evil
<u>46</u> He speaks angrily<u>l47</u> He was arrested by the police<u>l48</u> tires squealing
<u>49</u> He talks to himself<u>l50</u> And I fell in love<u>l51</u> We're at the hospital<u>l52</u> he rushes
<u>53</u> The staff
<u>54</u> It's this way
<u>55</u> they rush towards each other<u>l56</u> They don't know
<u>57</u> not yet
<u>58</u> you are a good friend<u>l59</u> I'm here
<u>60</u> I was afraid of your money<u>l61</u> to need you
<u>62</u> to leave you
<u>63</u> afraid to forget you<u>l64</u> myself
<u>65</u> to live all alone<u>l66</u> I will love you forever<u>l67</u> will be
<u>68</u> begins to wake up<u>l69</u> slight moan
<u>70</u> we kissed
<u>71</u> I knew that I loved you<u>l72</u> I am really happy<u>l73</u> I think that this is the moment<u>l74</u> to say "good-bye"
<u>75</u> I can go live in your house<u>l76</u> so
<u>77</u> Is that good
<u>78</u> Don't you know that?
<u>79</u> close
<u>80</u> anything else
<u>81</u> real hero

Dennis Dunham, PhD

Dr. Dennis Dunham, author, has published numerous books in the field of second language acquisition. Recently he has had a novel published focusing on knowledge of international relations. He has a passion for the "listening first approach. Dr. Dunham has been a cutting edge leader in International Affairs with numerous leadership awards. Dunham, who also speaks fluent Korean, was recently named by the Nation of South Korea and the United States State Department as the Honorary Consul for Korea for the state of Oklahoma. His PhD in Educational Psychology focused on "learning a second language."

Kyle Dillingham has been a featured violin soloist for orchestras all over the world.

Dennis Dunham's has been in higher education for 20 years. His great passion is seeing students succeed.

The Creators of Il Fait Beau

Kyle Dillingham

Kyle Dillingham has amazed audiences all over the world. He has performed for Kings and Princesses, Ambassadors and Governors. He recently received a note from Paul Kreuger, the president of PBS, "Ken Burns and I travel all over the United States, after hearing your performance; we turned to each other and agreed that we had witnesses something amazing!"In the Audio version of Il Fait Beau, Kyle wrote the music, songs and performed many of the instruments. You can read more about Kyle at Horseshoeroad.net